高高BOOKS

日本今世相

JAPAN
DIGNIFIED DECLINE

[德] 威兰德·瓦格纳 著

何俊 译

图书在版编目（CIP）数据

日本今世相 /（德）威兰德·瓦格纳著；何俊译. -- 北京：华龄出版社，2022.7
ISBN 978-7-5169-2303-0

Ⅰ.①日… Ⅱ.①威…②何… Ⅲ.①社会生活-研究-日本 Ⅳ.① D731.38

中国版本图书馆 CIP 数据核字（2022）第 114247 号

（京权）图字：01-2022-5491

Japan-Abstieg in Würde: Wie ein alterndes Land um seine Zukunft ringt
by Wieland Wagner
© 2018 by Deutsche Verlags-Anstalt,
a division of Penguin Random House Verlagsgruppe GmbH, München, Germany
Simplified Chinese edition copyright ©
2021 Beijing GaoGao International Culture & Media Group Co.,Ltd
ALL RIGHTS RESERVED.

策划编辑	高 欣	责任印制	李未圻	
责任编辑	李梦娇	装帧设计	高高 BOOKS	
书 名	日本今世相	作 者	［德］威兰德·瓦格纳	
出 版发 行	华龄出版社 HUALING PRESS	译 者	何 俊	
社 址	北京市东城区安定门外大街甲 57 号	邮 编	100011	
发 行	（010）58122255	传 真	（010）84049572	
承 印	环球东方（北京）印务有限公司			
版 次	2022 年 11 月第 1 版	印 次	2022 年 11 月第 1 次印刷	
规 格	880mm×1230mm	开 本	1/32	
印 张	11	字 数	168 千字	
书 号	ISBN 978-7-5169-2303-0			
定 价	68.00 元			

版权所有　侵权必究

本书如有破损、缺页、装订错误，请与本社联系调换

目 录

引言 一种归家之感   I

第一章 没有"希望"的国度   1
正在缩减的国家   3
未来：压缩的城市   14
日常的护理紧急状况   24
拼命工作直到昏厥倒地   36
了无希望的年轻一代   49

第二章 福岛：错失的机遇 　　67

2011年3月11日的创伤 　　69
核能的重启 　　92
日本与核能爱恨交织 　　111
被拖延的能源转向 　　120
为福岛服务的垃圾场 　　125

第三章 回溯：国富兵强 　　131

追赶者的思想意识 　　133
亚洲第一 　　148
"失去的几十年" 　　170

第四章 索尼公司：讣告 　　189

"阿童木"的梦想 　　191
从发明者到供应商 　　210
加拉帕戈斯现象 　　219
半导体工厂里的生菜 　　229

目　录

第五章　招贤纳士：生存策略　247

赌场资本主义　249

新经济奇迹的幻觉　261

岸信介的遗嘱　268

永动机　286

在特区中　300

终章　最后的改革家　307

致　谢　321

引言
一种归家之感

"啊，欢迎归来！"

2014年5月底，在东京成田机场的入境检查处，移民局官员用这样温馨的话语欢迎我。我乘夜间航班从上一个工作地点新德里飞来。在印度，我的身份是德国《明镜》周刊驻外记者。事实上，我看起来确实像个归来的游子。入境检查处官员在我这个外国人的护照上盖了居留许可的印戳，此时我松了一口气：在阔别十年之后（六年在上海，两年在北京，后面又有将近两年在新德里），我现在又将在日本工作和生活了。

从机场回东京市区的路上,我一路品咂、怀想日本的种种妙处:国民彬彬有礼、火车准时准点、环境干净整洁。这个国度里的日常生活如此安逸舒适而又有条不紊,在亚洲国家里算是优秀的。就连这里的空气质量也让我觉得胜过亚洲其他地区:城市没有被雾霾笼上一层面纱,能见度很高。※还有日本餐食!到达市中心后,我走进了一家只能站着用餐的小食店,对于日本的餐饮环境来说,它显得有点简陋。不过这家小店里的面汤深得我心,我已经很久没有尝过这么美味的面汤了。

起初,一切都显得那么似曾相识。但我在东京城里穿行的时间越长,就越觉得这个昔日的第二故乡已经发生了些许变化。一开始我也不能确定这到底是怎么样的一种变化,但后来这种感觉越来越强烈:那种相对而言的安静,还有日常生活运行中一丝不苟的秩序,它们起先让我觉得无比舒

※ 仅代表作者自己的看法。

引言 一种归家之感

适,现在却让我越发感觉冰冷。当我看到一张张日本人的面孔——在大街上、火车和地铁列车里、商店和酒馆里——都会突然觉得这个国度暮气沉沉、疲惫不堪。

当然,对此我已有心理准备,知道日本不再是十年前我离开时的那番模样。这个国家经历了一场集体的创伤,而且延续至今:三年前,即2011年3月,日本东北部海域遭到一场毁灭性地震的严重破坏,随之而来的那场海啸更是让这个国家雪上加霜。在灾难中,约有两万人丧生。而地震和海啸又引发了福岛的核灾难,随之造成了大面积国土的核污染。在东京,从测量结果可以明显看出,放射性过强的情况时有发生。我迅速从当时工作和生活的中国北京出发,飞抵日本,目的就是报道那场灾难及其后果。

我知道,这个给我"劳累不堪、精疲力竭"之感的日本,还得跟另外一场挑战抗争:该国的老龄化程度超过了世界上任何一个领先的工业国家。也正是想要了解日本社会如何应对人口结构变化及其所致结果,我现在以记者身份再次回到了东京。

日本今世相

在我内心深处，感觉到日本在多个方面都已经垂垂老矣。但这次回来之后感受到的老龄化规模如此之大，却令我始料不及，其不堪负荷的程度让我感到震惊。到处都可以见到仍在劳作的高龄人口，而且经常是在夜间：有酒店前台接待员，有出租车司机，还有超市营业员。然而让我感触更深的是，就连很多年轻人也看上去老气横秋、精神倦怠。他们显然生活优渥，但缺少我在中国和印度所见的精气神儿——在那两个国家，即便是在最贫困的人群身上，也常常可以看到生活的乐趣和蓬勃的希望。

之前，我自以为我纯熟地掌握了日本的语言就比较了解日本了，但现在我意识到，我又不得不从头开始去认识这个国家，并在一定程度上理解它。

跟从前一样，日本仍然是个经济巨头。但若是用历史成就来衡量，就会发现这个拥有1.27亿人口的国度正在退步到一个四平八稳的水准，在很多领域甚至靠吃老本维持。20世纪90年代，该国对全球经济产值的贡献率足足占16%，差不多跟今日的中国持平。但是这几年来，日本所占的经济份额

引言 一种归家之感

已经跌落到了 6% 以下,成为美国经济学家、财政部前部长劳伦斯·萨默斯所断言的"世俗萧条"经济体的代表。世俗萧条指的是一种长期不景气的状况,经济几乎毫无增长,即便有所起色,也只是像老牛拉破车一样迟缓前行。

在类似日本这样高度发达的工业国家,经济的无限增长走向终结,这自然令人惋惜,但也可以把它视为一个机遇,借此掀起一场早该进行的思想变革,让日本社会学习如何采用更为节约和可持续化的方式来利用国家资源。日本可能成为领头的老龄化工业国家,告别西方国家并不陌生的战后资本主义,在万般无奈之下为一种新型经济模式让道。但这一模式可能会是什么样的呢?

为所谓后工业时代展现自己的全新宏图,日本距离这一目标路途尚迢遥。而要跟沿袭已久的传统成功模式分道扬镳,改天换地般地重新规划经济蓝图,这对该国而言尤为困难。但是,日本面临多重挑战而并未分崩离析,应归功于该国的文化根源:日本人一向注重礼貌,与欧洲或美国不同的是,在日本很少会发生争吵,国民都会屈从自己的命运,他们很少指望能从国家那里获得什么，大多数人都自己默默承担一切，安静而又隐忍。

这是日本的优势，但也是其劣势所在。

探讨这一全然抵牾的心理状态，正是本书的主旨。本书建立在我个人多年跟日本人打交道的经历之上，同时也来源于为《明镜》周刊所撰写的最新报道，目的在于盘点日本面临的种种挑战。而必须承认的是，这一盘点带有主观色彩，同时又有着不可避免的选择性。我撰写本书，是想要回答以下问题：曾经作为亚洲经济领头羊的日本，怎么在短短几年之内就光环幻灭、黯然失色的？而日本人又是如何对待国力衰退这一现象的？

我回到日本时就意识到，一个国家给人的感知具有这么强的相对性，那么它受到每个观察者相关体验和期望的影响又有多么大？我一再冒出一个念头，把我这个既陌生又熟悉的客居国同亚洲的新兴世界强国中国进行对比，正是中国在2010年取代日本，一跃成为仅次于美国的第二大经济体。此外，我也经常把日本同另外一个冉冉上升的大国印度进行比较,后者尽管在科技上还被日本遥遥领先,但至少有一点可以让它在面对未来时笑看风云:印度人口的平均年龄远低于日本。

反之,日本则给我一种惴惴不安,并且越来越神经质的感觉,尽管该国坐拥历史遗留下来的巨大优势:精巧考究的文化、高度发达的基础设施、稳定太平的社会局势。它还拥有一定程度上的民主体制和法治国家体系,尽管还不能跟西欧的相关理念相提并论,但跟大多数亚洲国家相比已经算是成就满满。然而日本越来越给我一种人老珠黄的过气之感,让我觉得这个国家最辉煌的时期已成为过去。

三十年以前,我第一次来日本生活,那时我对这个国家的认识是全然不同的。那是1985年秋,我从德国直抵日本,当时的身份是历史学博士生。那时候,日本作为亚洲第一经济强国备受世界瞩目。我一大早抵达东京,在完全找不着北的情况下独自寻租,周围人群的风风火火就让我感到吃惊。那时的日本,就好比是唯一一家爆单的大型公司。在大街上和火车站里,我找不到一个可以稍作休息的地方,德国步行街区里常见的长椅,在这里几乎不见踪影。比之当时的日本,同一时期的欧洲给人的感觉就像是被注射了镇静剂一样。

那时,所谓的"日本膨胀"已经开始。只不过几乎没人这么说,也几乎无人怀疑这个国家会永远上升式发展的趋势。日本这个出口巨头打出了很多产品,在很多领域跟欧洲和美国叫板:从微芯片到录像机,还有汽车。看起来日本是战无不胜的。在东京股票交易所,股价节节攀升。在我注册学习的大学,日本同学都在交流投资攻略,一个日本朋友建议,一定得买已经私有化的电信公司巨头——日本电报电话公司的股票,当时它的价格正如日中天。那会儿日本电报电话公司股票的市值令人咋舌,有时候甚至超过戴姆勒、西门子、安联、德意志银行、克房伯、蒂森、宝马、拜耳、赫斯特和巴斯夫的股票市值加起来的总和。

炒股投机?德意志学术交流中心每月提供的奖学金是不够的,就连房租我都已经快无力承受了,因为日元对德国马克的高额汇率,房租也飙升了。我住在一间糊着纸张的木质

引言　一种归家之感

小房子里,上面盖着波纹白铁皮制成的顶棚,单薄的窗户安的是不透明的磨砂玻璃。在日本,这样的住宅无论在过去还是现在都很普遍,直到今日依然存在。我的床就是六层的草席,即"榻榻米"。夏天小屋里闷热难耐,冬天则冷如冰窖:每当我一早从草席上醒来的时候,都可以看见自己呼出的气体,房间的四壁就是这么薄。

与德国相比的话,我觉得日本的居住条件可以说是寒酸的。当我看见邻居在早晨西装革履地从这样的木屋里出门上班,要到傍晚时才能回到住所时,一种切切实实的尊敬感便油然而生,几乎觉得自己在文化上矮了半截儿:对我所成长的那种舒适环境,日本人仿佛并不追求。这使我认识到,他们的简单素朴和安贫乐道,正是这个国家取得令世界瞩目发展成就的一个重要原因。

我当时到日本的目的是夯实日语知识,并为博士论文收集材料。论文的主题是"日本早期的外交政策",即在被西方打开国门以后,日本是如何在19世纪中叶的亚洲进行政治、军事和经济扩张的。我计划探究的是,在日本统领东

日本今世相

亚这一目标的背后，藏着什么样的历史和思想意识形态根基。我想了解，是什么促使日本在1941年对夏威夷群岛上的太平洋舰队基地珍珠港发起突袭行动，借此向美国发起挑战；在这之后，又是什么给第二次世界大战中一败涂地的日本注入了动力，促使它在没有炮火硝烟的经济之战中继续发动攻势。

我的论文主题符合西方对20世纪80年代地缘政治的观点。按照这一观点，当时日本在欧洲和美国都被视为威胁。那时候，日本在很多人眼中都是超级大国，就像今日的中国一样。尽管1978年中国在改革家邓小平的领导下已经实行对外开放政策，但那时尚未扮演经济强国的角色。当时提及亚洲的话，言必称日本。此后一直如此，直到日本的股票和房地产市场完全崩盘、灰飞烟灭。

从1990年起，作为新闻记者的我，在东京亲身经历了这一经济衰退的肇始。日本又一次令世界震惊，但这一次是因为该国不可思议的衰落。日本同时要与三大挑战抗争：一是经济泡沫破裂带来的后果，二是完全出乎日本政客意料

引言 一种归家之感

之外的冷战结束,三是日渐抬头的全球化效应。这个国家越来越深地陷入危机,对此世人称之为"错失的十年"。其实,至少此后的第二个十年也是如此。因为被拖欠数十亿美元的贷款,日本的银行有如老牛拉破车一样不堪重负。甚至有时候,因为以东京为中心的全球金融市场的崩盘,整个世界都会发生震荡。

到了2004年初夏,很多人已经将日本遗忘,世界开始把目光投向中国这个崛起中的超级大国"新贵"。我转而为《明镜》周刊效力,举家(我的太太是日本人,孩子们都在东京出生、上学)搬迁到了上海那座摩天大楼林立的国际大都市;这座城市发展飞速,现在是一个全新亚洲的代表。从上海的视角来看,日本仿佛一再退居全球化进程的边缘。中国这座世界大工厂轰隆作响,在我看来就像是一台巨大的吸尘器,同时也吞噬了日本工业生产的大片领域:越来越多的日本公司将制造电视机、电脑和手机的工厂搬迁到了中国。正在老龄化的日本充斥着衰退的迹象。这不光可以让我们得出中国或韩国这样的亚洲新兴国家未来可能还会继续发展等类似的结论，而且，有时候，日本也给德国这样的成熟工业国家提供了经验教训。正因为日本毫无条件地追逐大跨步发展的理念，现在才会如此之早而又切实地遭到后工业时代负面发展症候的碾轧。而这些征兆在德国同样早已抬头，包括人口老龄化、农村人口流失、社会体系不堪重负等，只是表现得不那么明显而已。

西方经济学家会警告说，自己所在国的国民经济走上了"日本化"的道路。之所以言称"日本化"，是因为这个国家近几十年以来的发展势头不佳，在2008年世界经济危机的过程中，甚至有时候也危及欧美。自从经济泡沫破裂以来，日本在"错失的几十年"中一再陷入不温不火的通货紧缩。它指的是商品和服务的价格下跌，引起企业利润和员工薪酬减少。正因如此，日本这个国家也一再被列为骇人听闻的经济发展案例。

长久以来，日本被人讥笑为模仿者。事实却是，传统的日本手工业者向来以模仿为傲，他们长时间地模仿成功的典范，直到企及甚至超越相应水平。但今天的日本，实际上已

引言 一种归家之感

经不再拥有能模仿的榜样：该国曾对西方产品赞叹不已，并积极仿制，从根本上来说，它现今都已达到相应水平。日本现在必须自己迈出下一步，开启一个所谓后工业化时代的新纪元。这个国家可以向世界展示：尽管它所在的社会越来越"年迈不堪"，几乎无法向前发展，但也可以拥有一个充满富足与和平的未来。日本必须做出决定，确立自己将来要在世界上扮演什么样的角色——经济上的、政治上的、军事上的。

事实上，日本确实尝试过找出解决方案，这也是复兴该国的一剂万应灵药。该方案就是极端宽松的信贷政策：多年以来，位于东京的中央银行不断向疲软的经济循环注入贷款。借用这一方式，日本中央银行计划给政界和商界提供时间，让他们为将来做好必要的准备。该政策也就是我们熟知的"安倍经济学"①，得名于2012年年末上台的国家主义者——时任首相安倍晋三。他能执政多长时间这一问题在2018年夏还悬而未决，不过，他的解决方案可能还会长久地影响日

---

① 译者注：该词的英语表达为 Abenomics，由首相的姓氏和英语中的"经济"（economics）一词的后半部分拼缀而成。

本当局的计划理念。而有关他引发的新一轮经济泡沫，会在本书的第五章和最后一章详叙。从中可以窥见的是，印钞政策的主要作用是唤起大家对被美化了的岁月的回想，但却没有为正在老去的工业社会提供可持续的发展计划。

人为制造的经济繁荣主要在东京可以见到，在这一表象之下，涌现出日益尖锐的经济矛盾和社会矛盾。这一现象会在第一章中进行探讨，涉及以下问题：一个人口老龄化不断加剧、人口数量持续减少的国家，国民生活质量如何？年轻一代如何在这样一个社会自处？答案是不言自明的，它是令人沮丧的——一个加速老龄化的社会，几乎给不了年轻人希望。

迄今，日本都没有将勇气或者梦想凝聚起来，以便为创新人才创造新的发展空间和愿景。该国是如何错失这一机会的，这一点会在第二章里举例说明。此处要讲到福岛核灾难带来的后果。长期以来，日本并没有好好抚平2011年3月那场核灾难带来的创伤，而只是一味地进行压制。在那场高危事故以后，日本当局拖拖拉拉地引入了从长期来看不可避

引言 一种归家之感

免的能源转向政策,其中表现出来的固执己见,对于外国观察者来说经常是不可理喻的。从日本对核能的死守不放,可以了解为什么该国在其他领域同样极不情愿地告别传统经济模式。

但是,这种抗拒态度只是现实的一部分。因为另一方面,日本恰好是不假思索、近乎着魔般地引入新技术,迎头赶上新形势。比方说在酒店和养老院里使用机器人。还有建造磁悬浮铁路,计划到2045年连接东京和大阪:这一超高速列车据说每小时可以行驶500千米,与现有的新干线运行速度相比,提高近乎一倍。相比之下,德国的磁悬浮技术却因为民众执着的抗议而不得不叫停,最后转售给了上海。

如果要试着理解上述仍由文化因素决定的矛盾性,就不得不大致了解一下日本的历史发展进程。这个问题将在第三章讲到,而这一章将不可避免地脱离其他章节偏重叙述的框架,会回溯日本的历史,从19世纪中叶被西方打开国门以来的赶超开始,一直追溯到危机重重的当今。

尽管日本和德国之间存在令人惊奇的相似性,但德国人

15

对日本历史所知一向相对较少。来自弗莱堡的历史学家博恩特·马丁是一位众所周知的日本专家,他甚至认为两国之间存在"灾难性的亲和力"——比之传统西方国家,两国都是迟到者,都是国家按照集权方式行动,自上而下地推动了经济和军事上的现代化。两国都在第二次世界大战中与意大利结成了对抗英美民主派的侵略联盟,都在1945年一败涂地之后实现了举世皆惊的再度崛起——不过这一次凭借的是经济手段。

在第四章将会讨论如下话题:仅仅在几十年内,日本经济奇迹这一近乎圣化的品牌缘何急遽失去了光华?类似索尼、夏普和三洋这样的收音机、电视和电脑制造商,曾经给数代人的生活方式打上了烙印,一度涌入西方世界的千家万户,然而近年来,它们常被韩国或中国品牌取而代之,比如三星或华为。

曾几何时,成功品牌黯然失色、消失不见,或者只是象征性地寄居在新公司的屋檐之下,这些都是常有之事,在德国也概莫能外。今天,有谁还会提起根德、乐满第和罗兰仕呢？但昔日令人生畏的日本电子工业式微如此迅速，还是令人大跌眼镜。日本品牌的衰落，可以视为给德国发出的唤醒信号。众所周知的是，德国的汽车工业也面临着类似的彻底重建，尤其是因为那场"柴油门"事件。就日本而言，电子产品制造商太久地坚守传统的批量生产，生产商对其等级制公司文化过于执拗，强调集体共识，而不是个人独创。

日本电子工业曾是本国战后经济，即所谓日本股份公司最重要的支柱之一，而在近些年，它发挥的影响力越来越小。这一行业也面临着需要从国家层面予以解决的挑战，可能也会给该国带来痛苦不堪的适应过程。最终，日本必须进行一番全新的自我建构。至于采取何种方式，无人可以预测，必须由日本人自行摸索。在此过程中，他们毕竟能够聊以慰藉：各大公司及其品牌来了又去，去了又来；但国之大者，尤其是像日本这样的大国，不会轻易衰败。不管能否驾驭所面临的挑战，结果都是一样。

第一章
没有"希望"的国度

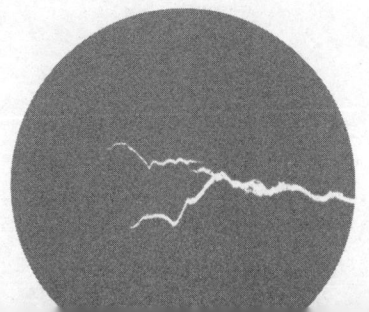

第一章

烏克的理論、哲學

正在缩减的国家

每天早上快五点半的时候,游马就会被电视机唤醒。时间是设置好的,到时候就会自动开机。某个私立电视台最受欢迎的早间节目叫作"朝日频道",每天乐呵呵地跟很多日本观众打招呼,迎接他们进入新的一天。大多数时候,游马要不了多久就可以起床,为出门上班收拾停当。内衣、长裤、衬衫、袜子,所有的衣物都触手可及。他的房间在父母的房子里的阁楼上面,房子在东京西边,房间比游马睡觉用的那个蒲团大不了多少。

游马35岁,打小就住在这个房间里,一台平板电视就占据了大半空间。在这个房间里,他几乎度过了所有的学生时代。他一直住在这里,即便是上完高中,开始在一家连锁超市当售货员之后。就像看上去的那样，等他以后老到不能再工作的时候，他还会在这个房间里醒来，一直保持单身状态，也不会组建家庭。

游马跟父亲住一起，父亲是一名市政公务员。游马的弟弟也住在这里，房间紧挨着游马的。他弟弟在一家房管处上班，也是单身。母亲在多年前搬出，自那以后三个男人就"各自为政"，各人顾各人。他们顶多在去浴室的路上相遇，否则很少打照面。

游马从没谈过恋爱。搬出去跟个女人同居的模糊愿望，他还没有完全放弃，但要说去实现这个愿望，他也毫无作为。在十多年前，那会儿日本还像一个大家族那样运转，可能有上司或者年长的女邻居给游马介绍过结婚对象。那时候日本的人口数量还很大，年过而立之年还单身一人的男性，是会遭人耻笑的。时至今日，标准已经有所不同：游马挣钱太少，无法建立家庭、抚养孩子。日本女性偏好选择在大公司工作的男性，或者是公务员，像游马这样的男人她们不想嫁。他身强体壮，注重仪表，有望某一天升迁为超市分店店长，但即便如此，他的收入也不会增加太多。

自打游马两岁那年起，我就认识他了，他是我日本太

第一章 没有"希望"的国度

太的亲戚。我见证了他的成长，那再平凡不过，就像他的数百万同龄人一样。我还曾经跟他一起看动画片、打棒球，有时候在游戏机上赌一把。他是个脾气随和的男孩，总有好心情。如果我想了解日本年青一代的兴趣所在，只需问问游马即可。

时至今日，如果我要跟游马约个时间的话，他经常都要很久才能找到一天空档期。他必须从早工作到晚，周末也经常如此。我们碰面的时候，我常对他的外表感到吃惊。尽管出于天性，他会开心地跟我打招呼，但他看上去精疲力竭、憔悴不堪。他的眼睛下面挂着深深的黑眼圈，似乎诉说着这个国家里疲惫的日常生活。在这个国度，发生着其他发达工业国家都没有的飞速老龄化；在这个国度，就连年轻人的工作时长也在不断增加。

过去的每一年，日本政府都会公布最新的人口统计数字，2018年夏天也是如此。这是乏味的例行公事，但这些数字后面隐藏的发展变化，却是戏剧性的。数据必定会给整个国家发出警报：九年以来，日本人口数量接连下降。截至2018年1月1日，该国有1.252亿人口，比上一年少了374055人。过去一年里的人口锐减如此严重，日本仅仅在12个月内就好像失去了如同德国波鸿这样一个规模的城市。远超1/4的人口（准确来说占比为27.66%）年龄在65岁及以上，出现这么多的老龄人口也是绝无仅有的。由此一来，老年人口的比例已经是15周岁以下人口所占比例的两倍多。

相应的，未来也显得黯淡无光。据估计，到2060年，日本人口可能缩减1/3。只能猜测这一现象引发的消极经济后果：到2065年，具备劳动能力的人口的数量可能会降至不到4000万人，跟2016年相比，将降低40%。可以接替上来的年轻人实在太少。新生儿数量太低，无法扭转老龄化趋势。2017年，新生儿的出生率仅为1.43‰。该数据是指一个育龄妇女在其可生育的年龄——15~49岁——所生子女数量的平均数。对于德国女性而言，2016年的同比数据为1.46‰，只比日本的略高一点。

日本人的平均寿命越来越高，多年以来他们对此颇感自豪：每年9月的第三个星期一，在官方规定为节日的敬老节上，超过百岁的老人都会获得以首相之名敬献的银杯。但是，对于国家而言，近年来这一敬重之举成本太高。2016年，日本超过百岁的老人数目就已经达到65692人，几乎

第一章 没有"希望"的国度

跟一个德国中等城市的人口规模相当。在这些高寿老人中，87.5%是女性。相比之下，在1963年进行的首次官方人口普查中，日本只有153位百岁老人。近年来，随着被庆贺者的人数节节攀升，送给长者的杯子就只是镀银的了。

"在我们超市里，一起工作的同事越来越少，"游马说道，"同时我们的顾客也越来越少，而且日渐衰老。"有时候他甚至觉得，日本正在逐渐消亡，招收员工已变得越来越困难。在超市里工作的大多数是兼职工，很多都是家庭主妇或者留学生。游马常被召至东京的其他门店工作，为突然生病或者完全停工的同事顶班。想去度假？门儿都没有。他说："如果我每年休假超过六天的话，同事们就会陷入麻烦，因为这样一来他们就得为我顶班。"

游马从来没想过抱怨，他从小就学会了顺应这个以和为贵的社会。起床收拾之后，他就立刻出门。他在一家24小时便利店买早饭，这样的商店在每个街角都有，日本人不光在里面购买日常生活必需品，还可以汇款、付账单或者购买音乐会门票。每天早上，游马大多数都会在同一家店里买两个饭团加一瓶绿茶，小店也正好位于火车站里面。他从火车站出发，坐近一小时的通勤火车。

会有新的乘客不断地挤入已经拥挤不堪的车厢。没有人抱怨,大家都恪守着"沉默是金"的礼节。大多数乘客都专注于自己的智能手机,游马也一样。用手机差不多可以做任何事:打游戏、看电影、听音乐,有时候也会跟昔日的同窗好友聊聊天。对他来说,手机替代了他父母年轻时追求的很多东西:汽车、产权房,当然还有自己的家庭。游马说:"我这代人有不同的价值观。"

令人惊奇的是,跟游马那代人中的很多个体一样,他如此坦率地说起他是单身以及还会继续单身下去的事实。根据日本国立社会保障与人口问题研究所测算,到 2040 年为止,会有大约 40% 的日本人独身。在游马看来,这不是一个什么数字,而是他身在其中的现实情况。如果认真听他说话,不禁会令人想起跟硅胶娃娃生活在一起的日本男性的相关报道,或者会令人想到那些特殊的咖啡馆和按摩店,里面有装扮成校园女生的女性为孤独的男性提供各种形式的温存服务,从无伤大雅的抚慰到性交易都有。以上所有服务在日本应有尽有,但是对于大多数人来说,日常生活并没有那么多的风情万种,而是跟游马一样,更多的是充斥着单调和无聊。对此他都已经习以为常,也无意了解另外的生活状态。他的生活中充斥着轮班工作的节奏,以及通勤火车的时刻表。

午休时间,游马会在超市附近的一家餐馆吃饭,这也是那个地段还在营业的最后一批餐馆之一。周围的住宅区都是在20世纪八九十年代拔地而起的,越来越多的楼盘和公寓人去楼空,很多老年居民都搬走了,或者已告别人世。"不知什么时候,我们这家超市也会关张的。"游马猜测。如果真的到了那个地步,他可能会被调去另外一家门店工作。幸运的是,他这份工作是有固定编制的。这在当下的日本是个稀罕品了,因为有40%的员工都是以所谓"非常规工"身份上岗的。不过,他也为自己的将来忧心忡忡。他说:"如果年轻人也越来越少,今后谁又来为我的养老金买单呢?"

游马对政治不感兴趣,不去参加投票选举。但他切身体会到了这个国家戏剧性的巨变。他周围都是老年人,他们中间很多人的工作时间也越来越长:在酒店前台欢迎来宾、开出租车或公交车、给驾驶者指引停车场、大清早打扫办公室、经常深夜还在发送包裹。每个人,只要尚还身康体健,都会被要求发挥自己的余热。

老龄化就像一层灰蒙蒙的纱，罩在日本这个国度身上：每天的黄金时间，电视台会插播老年纸尿裤的广告，还对电动调节的护理床广而告之；日报用特大号字体刊登文章，以方便老年人阅读；餐馆经常供应分量越来越小的饭食，迎合年纪越来越大的食客的小胃口；在竞选中，政客们都会优先争取退休者的支持，给他们许诺优厚的社会福利——即便这些承诺经常无法兑现，因为老年人是最有可能去投票的。因此，日本也被称为"银质民主"。

到处都充斥着老去和谢世的话题。跟死亡相关的生意是一个颇有前景的行业，即便这听上去有点可怕。东京会定期举办"生命终结产业"的展览，往往会吸引2万多人光顾。到处都有殡仪从业者招揽顾客，提供包括棺材试睡的服务。还大受欢迎的是那些位于高楼大厦里的长眠之所，从外面看上去就好像住宅区一样。相较之下，因为占地面积小，骨灰坛墓穴要便宜一些，它们前后左右紧挨着排列在一起，就像火车站里的储物柜一样。

电视里还会播放预防阿尔茨海默病的小窍门，一再推荐的有：嚼口香糖，每天冥想三分钟，多吃富含维生素B的食物。杂志《东洋经济》还开设了一个有关"满意死法"的主

第一章 没有"希望"的国度

题故事专栏。女性杂志《女性Seven》以往多半是为读者提供家长里短的小道消息和化妆品使用窍门，现在也以各地对临终老人的护理水平为标准，推出了一个城市排行榜，排在首位的是横须贺——东京郊外的一座港口城市。

集体衰老也改变了消费行为。与德国相比，日本算不上一个民众为政治共同发声和参与决定的社会，只能说它是一个消费者的社会。消费是日本国民参与公共生活的途径。业余时间，或者说日本国民理解的那个时间，都是伴随着广告宣传消磨掉的。跟大家经常猜测的不一样的是，日本自己消费掉了本国生产或提供的大部分商品和服务。长时间以来，本国市场才是各大公司赚取利润之地，这一收益又为公司的出口攻势提供经济支持。但随着人口缩减，国内销售市场也萎缩了。仅东京一地，2015年的汽车销量就比十年前少了整整20万辆。

日本的经济规划者面临着传统理论几乎不能应对的挑战：谁还会长期在一个消费者越来越少的国度投资？自20世纪八九十年代之交的经济泡沫破裂以来，日本就一再陷入经济危机之中，老龄化也是原因之一。该国2018年春尚还受惠于一段经济复苏期，截至当时已经持续了六年，由此也成为战后持续最长的复苏期之一。不过，在日常生活中，不管是过去还是现在，广大市民都对此感知甚少。他们花钱特别节省。为了平衡低迷的消费状态，20多年来，国家每年向疲软的经济循环投放几十亿美元的贷款。正因如此，日本负债累累，其债务甚至是整个国民经济总量的两倍多，这是任何其他先进工业国家都没有的。

通过发放巨额贷款的方式，政府计划解决通货紧缩这个主要问题，但结果往往事与愿违，也就是说并非总能扼制价格的下跌。尽管在这期间物价几乎没有下降，或者只是稍微有所降低，但也没有任何理由放松警惕。原因是，商品购买得越少，价格下降的可能性也就越大。由此，公司的盈利也会下滑，这样它们越发会削减投资，给员工开出的工资也会越来越低。在最糟糕的状况下，所有人都只会把资金储蓄起来，不管是公司还是消费者。

这几十年以来，日本一直为了这个通货紧缩的现实问题劳心费神，只不过在程度上有所不同，这种程度从其衰败的街景就可以看出，比方说，在日本也可看见其他发达国家也存在的贫民窟，那里的房子窗户玻璃破碎、外墙开裂、大门肮脏不堪。不过，日本的老化是体面的。东京西边早年的

第一章 没有"希望"的国度

一片新住宅区也是如此，其实现在也早已不新了，看上去一片陈旧。游马在这个住宅区里度过了他的青少年时光，如今的他每个早晨乘坐火车时都会路过这个名叫多摩新城的地方。

未来：压缩的城市

前文所说的多摩新城，曾经是日本在第二次世界大战后再度崛起的标志——推土机开了进来，将一座座山丘推平，为建造新的现代化公寓住宅区提供地基。多摩新城的面积约有 3000 公顷，比 4000 个足球场还要大。外表被刷白的公寓楼看起来千篇一律，就像匣子一样，唯一的区别就是外墙上醒目的数字。那时候，约 35 万居民搬进了这个住宅区。多摩新城是日本最大的同类住宅区，也为该国类似的建造项目提供了示范。

当寺田美惠子 1976 年跟着家人一起搬进来的时候，这片住宅区落成就已经有五个年头了。对于这位受过相关培训的图书管理员及其丈夫（他在一家听力设备厂上班）来说，

第一章 没有"希望"的国度

能住在这里算是圆了梦。当时的他们,大有上升为中产阶层一分子的势头。他们的新家并不大,但总算有了一间属于自己的浴室,再也不必到公共澡堂(日语里称为"钱汤")去洗澡。他们再也不用住在材质是木板和纸的透风陋室里,眼前的房子由水泥和玻璃建造而成,暖意融融。

起初新城内看起来还是光秃秃的,但是有成群的孩子在绿地上嬉戏。年轻的妈妈推着婴儿车,从住宅区里门店云集的购物街走过。到了周末,各位父亲也加入了进来。

"那个时候,这里是一片朝气蓬勃的大好景象。"2016年夏,寺田在"福利咖啡馆"里接待我时回忆说。当时寺田刚从厨房里走出来,但她看起来并不像老板,倒有点像是社会服务机构人员,即便她自己并不这么认为。她的工作性质是义务的,不领薪水。福利咖啡馆是老年人聚会的场所,新城里老者的数量飞速上升。咖啡馆的前身是一家商店,不过跟周围大多数商店的命运一样,已经关张多时。

寺田68岁,已经退休,在来咖啡店参加聚会的人群当中,她自然还算是不那么年长的。她指着窗外说道:"邻里之间,越来越多的公寓都空空如也。"原来新城里住着35万居民,现在只剩下22万了。在住宅区的某些地带,差不多一半的居民都已经年满65岁，或者年纪更大。很多幼儿园和中小学都关门了，永远地关闭了。现在在这里我看不到婴儿车，相反可以看见越来越多带轮子的助步车，老年人推着行走。

寺田夫妇还住在原来的公寓里，孩子们早已长大成人，搬出去了。大部分的时间，寺田都通过老人聚会来打发。"在这里，我们几乎是要为整个日本树立典范，"她说，"只有互相帮扶，一个老龄化的社会才能维持生存。"

上午九点咖啡馆开门，同时也提供热腾腾的早饭。这里是很多老年人的第二个家，没有这个地方，他们就会孤零零地宅在自己的公寓里面。老人坐在桌旁下围棋，或者玩别的棋类游戏。志愿者帮助他们填写护理保险申请表，或者组织购物活动。附近的很多商店都已经关门，居住在这个原本是为年轻人建造的住宅区里的老人，就不得不跑很远的路去购物。要去最近的火车站，还不得不经过很多陡峭的台阶。而且，这里的很多公寓没有电梯。

诸多老年人很少离开自己的公寓。"独居男性经常表现得比较孤傲，不愿去麻烦邻居帮忙。"寺田说道。有一天，咖啡馆的一位常客突然再也没有出现过。"我给他家里打了好几次电话,但没人接听,我想他是不是出门旅游了。"寺田说,几周以后,他的尸体才在住处被人发现。日本人把这一现象称为"孤零零地死去",而这早已成为家常便饭。

寺田也越来越为自己的将来担忧。她计划在这家"福利咖啡馆"再干个十年,"接下来我自己也需要人来帮忙了。"她说。

十年后——那会儿整个东京可能已经垂垂老矣,到处都是头发灰白的人:到2025年,昔日婴儿潮期间出生的人将会年逾75岁,这个年龄的人,越来越需要他人的照顾。随着东京人口老龄化的加速,经济也会低迷萎缩,人口学专家松谷明彦在他的著作《东京劣化》里发出警告。日本首都的很多城区都会沦为一片荒芜,就像20世纪70年代纽约的很多城区一样。到2060年,东京人口数量会减少300万,这个数目大概与今日柏林的居民总数相当。

说起东京,大多数外国旅游者的印象都是霓虹灯闪耀下的中央不夜城,要说东京正在衰落,他们肯定感觉荒谬得很。因为眼下这个有着1350万人口的日本首都仍然还在发展,吸引了越来越多的年轻人和有理想有抱负的人。但是与此同时,农村地区人口的流失越来越严重。在资源高度集中的日本，一向流传着这样一条不成文的规则：想出人头地的话，就去东京吧。如今这一趋势也在不断强化。

首都东京就像一块磁铁，吸引了国家政治、经济、文化和社会各方面的能量。在这里，精英大学和公司集团总部林立如山，当然还有各大重要政府机构。东京的资源集中还在持续加剧，尽管政治家们信誓旦旦地说：日本必须让地方重新焕发活力。根据帝国数据银行的统计，仅在2015年，就有335家日本企业把总部搬到东京或者相邻的三大都市之一，每年，约有12万新人争先恐后地拥入东京这座密集之城。

这也难怪有关人口下降的警告得不到什么应和，因为就日常生活来说，东京这座超大都市变得趋于爆满，负载越来越沉重。跟我的亲戚游马情况类似，大多数人都是乘坐挤得水泄不通的地铁和轻轨通勤，甚至需要两小时才能抵达公司、大学和中小学校，这样的情况并不少见。为了缓解拥挤的状况，留出更多站人的空间，加快上下车的速度，列车公司还把某些车厢里的座位撬掉，并加装了更多车门。

这些年来，老龄化的长期趋势在东京仍可窥见，而且不光是在多摩新城这样的远郊地区。在位置相对较为中心的城区，比如杉并区和长野县，无人居住的楼宇和房屋也越来越常见。有的住宅倒塌了，因为居住者搬进了护理院，或者离世了。2013 年，整个日本有 820 万间住宅空无一人，这比五年前要多出 63 万间。东京的野村综合研究所预测，到 2033 年，所有住房库存中可能会有 30% 的房屋无人居住。

东京市政府把多摩新城视为人口结构变化的试点，并计划把这个老龄化的卫星城改建为老年宜居的试点项目：陡峭的台阶逐渐被无障碍通道所替代，有些公寓楼首次装上了电梯。此外，还有些住宅楼居民被安置到了一起，这样年轻人就能跟他们年迈的父母一道搬进去。"这样做的想法就是，让年轻人来照顾老人。"上野淳，一位在秀明大学工作、本人也住在多摩新城的城市规划专家这样说。

当上野在他工作的大学里跟我讲述未来理念的时候，我不由自主地想起了去过很多次的北部主岛北海道的城市夕张。该城也是整个日本的不祥之兆，即便是以另一种方式呈现：夕张不仅老龄化严重，而且整个城市的经济已经坍塌。"夕张"就是衰落的同义词。

当我 2007 年第一次去夕张的时候，当时的市长藤仓肇在近乎空荡荡的市政厅里接待了我。一半的公务员都走人了，因为市政府没有钱来发工资。不过，即便是城市衰落了，市长先生还是保持着礼仪，彬彬有礼地朝我鞠躬。他说最近把丰田公务车拍卖了，这样至少可以稍微填补一下市政府财政的亏空。后来有个继任者接替了市长一职，他算得上是整个国内最贫寒的官员，收入跟一个非正式工人差不多，去上班的通勤费还得自掏腰包。

在首次造访潦倒不堪的夕张五年后，我再次去了那座城市。在我看来，它变得更加穷困、更加人烟稀少，而事实上也的确如此。尽管曾经的市立医院还在，但只是作为应急之需。"欢迎来到日本的希腊。"主治医师村上智彦用这样略带嘲讽意味的话语与我打招呼，他带我穿过医院昏暗的走道，出于节约经费的考虑，有时候照明灯都关掉了。手术室已经关闭，住院部的床位由从前的171张缩减到19张，而且与老人护理病房合到了一起。

主治医生跟来自全国各地的志愿者一起，维持着医院的运行。以前在这里工作的有12名医生，现在只剩下一半，而且薪资减了不少。正因如此，村上的热情才更让人惊奇。恰好是在这里，在医院走下坡路的过程中，他认为自己发现了一个继续生存下去的模式，这不仅适用于日本，对世界上

第一章 没有"希望"的国度

的其他国家同样有效。他说:"在这里,我们试着找到解决方案,应对工业国家不断衰落带来的挑战,克服向老年和急需护理者增多的社会环境过渡所面临的困难。"

夕张曾是煤矿区,约有 10 万居民,大多数男性都在地下工作。这几年,常住人口已经下降到不足 9000 人。2007 年,夕张作为首个日本宣告破产的城市,其时它的债务已经累积到了 350 亿日元。这跟人口结构关系不大,之所以出现经济困境,跟德国鲁尔区大同小异,是因为煤炭式微,日益处于石油和其他资源载体的压力之下。为了应对这一结构调整,自 20 世纪 80 年代以来,夕张就逐步大肆举债:市政府下令建起了租赁建筑,包括火车站旁边的一个大型酒店、滑雪道和一家娱乐公园,而且还举办了一场成本昂贵的电影节。多年以后,泛黄的电影布告还在广告张贴区随风飞舞,而夕张就好像是一张被人遗弃的胶片,在风中消失了。

因为城市缺少维持运行所需的必要资金,夕张市政府签订了很多债务协议,或者将它们捆绑在一起。很多年轻人为了避开上涨的税收搬走了,接下来由负债的社区向留下来的居民征收。市民缴纳高额税费,得到的社区服务回报却越来越低,就连公厕、公园和图书馆也关闭了。大片住宅区都将逐渐被夷为平地，而此前这里可是有100座居民楼的。留下来的大多是老年人，他们不得不集体搬进剩下的为数不多的楼宇里。"缩减之城"，这是夕张政府组织的后退式建造的专业术语；近年来，日本其他老龄化社区也作了类似规划。借助这一模式，政府计划节约资金，用于道路、桥梁和自来水管道的维护。在这座经常下雪的城市，只有在可以收回成本，以及降雪量堆积到一定高度的情况下，才会安排清扫车出动。

强制性节约对居民来说痛苦不堪，对个人健康却大有益处。"身无分文的人，就得更为彻底地刷牙。"村上这样解释他的理念。在诊疗室里，他摆出了一系列统计数据，旨在证明这一令人惊讶的趋势：自从市立医院关张以后，夕张的死亡率就明显降低了。这个目标之所以能够实现，是因为采取了简单的疾病预防措施，比如更加注意口腔卫生，同时更大规模地进行感冒疫苗接种，并针对日本经常发生的胃癌打疫苗。"能够导致死亡的肺部溃疡也是一种常见的老年疾病，其发病率在夕张市也降低了很多。"村上说道。

医生采取的措施不是进行高价治疗，也不是动用昂贵药物，再说医院本来也没有资金，而是定期上门探访，并委托

第一章 没有"希望"的国度

邻里多多关照。以前,老年人在感觉不舒服时,经常打电话叫救护车。"现在我们引导他们先是自己注意保健,多多运动,这样就能长期保持身康体健。"村上这样说。

村上自视为先行者,他相信,最终整个日本都会采用夕张市的模式:"到那时,我们的国家虽然更加贫穷,但居民却会更加幸福。"

日常的护理紧急状况

日本没有其他选择：基于该国的人口结构变化，必须化不利为有利。在老人护理方面，日本必须走上一条创新道路。同时，飞速发展的集体老龄化也给整个社会带来了超出能力范围的挑战，不仅是在人力和财政上，在心理上也是如此。

在此过程中，日本也对这一挑战做好了充分的准备：自千禧年以来就设立了护理保险，它分为五级，在很大程度上按照德国典范运行。不过，这一保险越来越暴露出局限性：2013年，就已经有171万护理人员来照料老年人和体弱者。但这个数字还是太小了，因为需要照料的老年人到2016年差不多翻了两番，达到了600多万人。每年，日本政府投入护理行业的资金足有 10.5 兆日元（折合约 810 亿欧元）。按照位于东京的日本健康、劳动和福利部的估计，这一支出到 2025 年可能还会翻倍。

为了降低成本，对护理床位的享用规定越来越苛刻。被划归到轻度护理需求的投保者，应该尽可能地在家得到护理。这听起来像是个理性的方案，也迎合了很多相关人士的愿望。实际上，这背后也隐藏了政府日益强烈的无奈，也就是节约开支。于是，家务协助，比如清扫或者烹饪，有时候就被极大地压缩了。

每月缴纳的护理保险金，部分情况下翻倍了。这几年，政府正在考虑让 40 岁以下者也缴纳护理保险费，而起初该年龄段的群体是被免除的。但确实急需更大的经济支出：在整个日本，约有 50 万人等候进入护理院。

2015 年 6 月，日本公共管理部前任部长增田宽也提出了一个让诸多国民大惊失色的建议：东京城区的老年居民要搬迁到农村地区。他还提及 2025 年，一个经常令人闻之变色的年份，到那时，仅在东京这个大城区，就居住有全国 1/3 的 75 岁以上的居民，有护理需求的居民的数目将会急剧增长。因此增田提出要求，要让尽可能多的老人趁着还能活动,赶快搬到农村。搬到新的地方以后,他们将会住在与老龄人口配套的住宅区里,以后可以享受直到生命终结的护理服务。

听到这个计划时,我不禁想起《楢山小调考》,讲的是一贫如洗、食不果腹的村民,他们曾将已经年迈无用的老人扔到深山里面,在那里,老人饥寒交迫,只能等死。1983年,导演今村昌平将这一恐怖题材拍成了电影。不过,那位部长的建议并非像初听的那样远离现实。事实上,当时东京市政府正在寻找那些愿意搬迁到乡下的老人,因为那里经常还会有护理人员和床位。作为试点项目,杉并区跟下田市合作,在太平洋海岸的伊豆半岛上修建了一家老年护理院,容量为100张床位,计划从2018年起安排第一批老年人入住。

东京的护理系统有多么紧张,这一点我在城东一家护理院里有过亲身体会。像许多类似机构一样,它有一个预示着安宁舒适晚年的名字"安乐之乡",但实际上,护理日常充斥着紧张和忙碌。护理院大门上方挂着一面巨大的旗帜,仿佛在发出"急招护理人员"的求救信号。当看门员帮我打开自动门让我进去的时候,立马就有一位阿尔茨海默病患者冲到了大街上,好几名护理人员在后面追赶。几分钟的忙乱过后,他们抓住了他。

"我们这里有 80 多名常住者,大多数人都患有阿尔茨海默病,"这家护理院的院长新井厚子告诉我,"我们早就没法满足申请者的愿望了,接受不了那么多人入住。"新井在这家护理院已经工作 35 个年头了,她给人的印象和善可亲,但又雷厉风行。她想把工作做好,但总是受限于养老系统接收能力的瓶颈。她向我展示等候者的名单,很多都是急需护理的人员。"每照顾这样一位患者,我们就需要增加四名护理人员,确实缺乏人手。"她说。

整整 60 名护理人员在这家护理院工作,大多都是女性,她们往往都在超负荷地工作。正因如此,我才更加惊讶地看到这一点,她们是多么友善和仁爱地跟老人打交道,而这肯定不是她们发现我在观察她们工作而故意装出来的。但另外一点也是肯定的:在这里工作的护理人员,有些也是忙得近乎精神崩溃,这一点新井和同事们直言不讳。

"安乐之乡"显然属于日本较好的护理院:新井注意让员工每天的工作时间尽可能不超过规定的八小时。这可不是理所当然的,在其他护理院,被逼无奈的护理者把老人绑在床上，这样的情况不在少数。2018年3月，东京近郊川畸市一家护理院有一名护理员就在一审被判死刑，据说他先后把三位老人从护理院的阳台上推了下去，让他们死于非命。新井通过各大媒体关注了这桩案件。"为了减轻焦虑，我们给员工提供了心理咨询服务。"音野说道。

600多万日本老年人指望着护理服务。从2025年起——到那时，婴儿潮时期出生的那批人已经75岁——整个日本可能将会短缺38万名左右的护工，而且看不到压力缓解的希望。跟德国的情况类似，护工以及助手比其他服务业的收入少得多。他们的工资常常不够养家糊口。

护理行业呈现困难状态，这在日本是家常便饭。老年人和体弱多病者的家人经常别无他法，只有放弃本职工作，自行承担护理任务。对于越来越多的阿尔茨海默病患者来说，情况也是如此。正在老龄化的日本是一个"阿尔茨海默病的大国"——经济报纸《日本经济新闻》如是报道。这一结论可以用数字来证实：2012年就已经有462万日本人患上了阿尔茨海默病，到2030年——以上多次提及的婴儿潮时期出生的人将会年逾80岁——阿尔茨海默病患者的人数完全有可能上升到830万。

第一章 没有"希望"的国度

东京有个阿尔茨海默病患者及其家人组成的协会,音野清子是协会主席。2016年春的一个下午,主席邀请我去参加成员家属的对话活动。我们在东京一家办公楼里聚会,围坐在摆成长方形的桌子旁边,上面摆着绿茶和饼干。参加者大约有20人,大部分素昧平生,有在职者、家庭主妇和退休人士。他们有一个共同点,都在家照料患有阿尔茨海默病的亲人。他们忧心忡忡,经常需要独自承受。

接下来大家就开始交谈,这样开诚布公的谈话场景我在日本还从未经历过。在日本社会,人们喜欢把自己隐藏到礼仪的背后。但令人惊奇的是,聚会者非常坦率地谈起他们的艰难,或者毋宁说是他们的无力,与阿尔茨海默病患者打交道时的无可奈何。"当我母亲说'遗憾的是,我就是没有孩子来照顾我啊!'那一刻是最让我痛苦的,"坐在我旁边的一位女士说道,"她已经不认识我了。"这位女士的母亲虽然跟她住在一起,但已经与她告别,去了另外一个遥远的世界,一个无法沟通交流的世界。她母亲起夜时经常迷路,在去洗手间的路上弄得半个屋子都是秽物。

下一位发言的是一位老先生,他87岁了,在办公室里干了一辈子。他的太太比他小4岁,虽然还能在室内走动,但越来越频繁地把东西放得找不到,然后每次就责怪这位老先生的不是。"她经常对我动手,如果太极端的话,我就逃到自己的房间里去,"他说,"我试着容忍太太的精神不正常,但真正做起来可不容易。"他担心的是太太会在精神错乱的情况下跑出室外。他的害怕可以理解:仅在2015年,在日本就有1.2万名阿尔茨海默病患者被报告走失,这个数目相当于有些地方总的居民人口数。

参加聚会者的口述让人无比动容。有些人讲完他们的处境之后,看起来如释重负。但在日常生活中,他们经常需要独自一人面对艰难困苦。日本人打小受到的教育就是这样,不要给周围人添麻烦,很多人为家人做出巨大牺牲,直到他们陷入绝望。

"护理谋杀",这个令人震惊的概念越来越频繁地出现在日本新闻报道中。2015年11月的一个晚上,47岁的波方厚子把载着自己家人的小汽车开进了东京附近深谷市郊外的河流利根川里,车上坐着她81岁高龄的母亲和74岁的父亲。车轮在荒凉河岸带的沙砾上碾轧后留下的印痕,多日之后还一再被电视台播放展示。这些画面证实老龄化的日本社会中经常出现了无出路的情况:几天前,据说那位父亲对女儿说

第一章 没有"希望"的国度

过下面的话:"我想告别这个世界,我们要一起告别吗?如果我们把你母亲一个人撇下,那会很遗憾的。让我们仨同赴黄泉吧。"女儿的回答倒是简洁得很:"那敢情好。"

多年以来,父女两人共同照顾患有阿尔茨海默病和帕金森综合征的母亲。一家人依靠送报员父亲的微薄工资生活,但不久前他因为颈椎挫伤无法继续工作。现在他也卧病在床,甚至不能自己去洗手间。尽管女儿申请了社会救助,但还没有得到政府部门的批准。本来,这个家庭也不能期望得到多大数目的救助,估计不到20万日元(折合1500欧元)。于是,女儿就邀请父母坐上了车。刚开始他们先开到了附近的大坝,之前他们在晴好的日子里也曾去那里郊游。接下来,女儿发现这个地方并不适合执行集体自杀的残酷计划。因此,她最后把车开向河流。在那会儿,车已经开到了河岸附近。女儿把车门打开,先后把父母拽进了冰冷的河水里,两位老人当场溺亡,而她本人活了下来。

2016年6月,这个女儿被判处四年的无假释有期徒刑。相对来说,这个判决算是轻的,因为检察院提出的要求是两倍的刑罚。在诉讼中,被告人不得不面对质疑:为什么不等到政府下发她申请的社会救济?最终,法院考虑了这个女儿在多年护理岁月里深陷其中的绝望。在下达判决的同时，女法官还给了她如下建议："请不要忘记你的父母岁月静好时的面容，自信地度过每一天。"

判决给人的感觉就像是试验，尽管要捍卫法律和公正，但同时也要兼顾人性。对当事人来说，到底什么才叫"公平正义"呢？女法官清楚地表示，她不能也不愿在现实面前闭上双眼，面对日益超出日本社会以及立法机关力所能及的老龄化而不管不顾。

数月以后，日本西部城市姬路市也发生了一起类似的审判：这回被告席上坐着一位82岁的农民，白发凌乱不堪。为了让他能参与庭审，还给他配备了助听器。2016年4月，他用电线勒死了卧病在床的妻子。女法官在判决书里写道：这位被告人在"毫无希望的护理"中耗尽了自己，"不管是身体上还是心理上"，他突然生发杀死妻子的念头，对此不能"批评过甚"。判刑尺度是三年监禁，缓刑五年。在这个案例中，显然法院担心服刑者可能会做出自戕的行动，于是也给他提供了一些度过残年的建议："不要独自承担你的罪责。回家以后，请跟你的家人和邻居交谈！"

老龄化不光让日本法庭做出了更加人性化的判决，监

第一章 没有"希望"的国度

狱也再三思考原本僵化的管理体系。但监狱管理层也没有其他办法,因为这里的服刑者也越来越老、越来越体弱多病。1997 年以来,65 岁及以上囚犯的数量翻了三倍以上。另外,很多老人,即 1/5 以上的囚犯都是惯犯,因为相对轻微的过失,比如在商店里偷东西,再次坐监。这也是日益加剧的老年贫困导致的结果。

"欢迎光临!"长野县监狱的越前利明客气地接待了我。从东京坐火车到那座城市,大约要三小时。监狱位于城市远郊,四周被浅色的高墙包围。越前戴着一副无框眼镜,看起来像是一个满腹忧愁的中小学校长,说起话也给人这样的感觉。这一点让我感觉不同寻常,特别是因为此前我也造访过其他日本监狱,那里的监狱长都不像他这样。比起德国,日本的判决执行有着一套相当严苛的管理制度。从原则上来说,这在长野县也是如此:冬天里,囚室不提供暖气,只有前面的过道供暖。早上七点半,被拘禁者排着长队,踏步走向劳作间,口里整齐划一地喊着"一二一、一二一",他们的头发按照监纪剃得很短,身穿绿色的制服。但从监狱长的话中可以听出,他担心的不是这 890 号囚犯的纪律问题,而是他们的身心健康。毕竟,1/10 的囚犯都已经年逾 65 岁。

"这里关押的犯人年纪越来越大，"越前说，"我们已经购置了一台特殊的机器，用来处理目前供应给老年囚犯的大量尿布。"

我之所以去长野县，是因为此地已经开始行动，把年轻囚犯培训成为护理老年人的员工，让他们为同一监狱里上了年岁的在押犯提供护理服务。在这个早上，相关课程恰好正在某个培训教室里开课。在一名监狱官的监管之下，12名青壮年男性坐在小板凳上，前面是一排排整齐的木头小桌子。他们翻阅着一本《身体和心灵的构造》的教材，前面坐着一位女培训师，她是附近一家护理院的护理员。今天上课的内容是如何推动轮椅，保证它不向其他方向滑动。

受训者为了通过考试而努力学习，日后他们就要在监狱里为他人提供护理服务。比方说在监狱的劳作间里，犯人会参加生产鞋子、衣服或者家具的劳动，而年轻的护理员就要帮助那些患有阿尔茨海默病的囚犯完成相应的劳动量。在休息时间，他们要陪同老年人去方便，而洗手间也已按照残疾人和老年人的需求进行了改建。

我被允许参观监狱的病房，旁观一个刚刚培训结业的护理员帮助一位上了年岁的拘禁者刮胡子。接下来，护理人员

第一章 没有"希望"的国度

帮年长者脱掉衣服,从头到脚给他打上肥皂,帮他冲澡,然后擦干。"这样的护理对两个人都有益处,不管是护理员,还是被护理的人。"监狱长这样说道。据他所言,自从在监狱里任用囚犯做护理员以来,就减轻了监狱长的很多工作量。不仅如此,囚犯之间的交往也变得更加舒心、更富人情味。监狱长看起来颇为满意,差不多有点自豪了。如果细听监狱长所言,几乎就会忘掉这是一所监狱,同时还会忘记的是,这里的老人护理不是出于人道主义动机,而是迫于人口结构变化的无奈之举。

拼命工作直到昏厥倒地

在日本，到处都出现了人力短缺的情况。整个国度迈入了一个黯淡的未来：留下来的人口不得不承担越来越多的工作，而且时间越来越长。日本政府把希望寄托在动员人力储备上面，并发布了如下口号："1亿人口奋发向上的社会！"对于一个拥有大约1.25亿人口的国度来说，这意味着，每一个还有工作能力的人，都应该互帮互助。就连女性也是如此：她们之前在男性占据主导地位的日本社会经常只需要工作到结婚或者生子，现在也逐渐被迫重返职场。按照政府规划，日本应该发展成为一个"妇女能顶半边天"的社会。就连残疾人士也日益得到各大公司和政府机构的聘用。

以上宣告让很多日本国民倍感震惊，尤其是因为政府一向执行的是严格的传统发展路线。但这一政策跟两性平权或者边缘群体的融入并无多大关系,政府的首要目标是缓解劳动力的严重不足。因此,政府这才日益督促一类群体继续工作,这就是其数目增长最为强劲的群体:老年人。

目前,日本人享有世界上最高的人均寿命。根据世界卫生组织 2015 年的统计数据,日本女性的平均寿命为 86.8 岁,居世界之冠;男性的平均寿命为 80.5 岁,好歹也跻身世界第六。相比之下,德国女性的平均寿命为 83.4 岁,男性为 78.7 岁,分别都只占据世界第 23 位。鉴于日本国民的长寿状况,日本医生已经呼吁,要把"老年人"的年龄界限从 65 岁提高到 75 岁。

但这里涉及一个学术论题。在现实的工作日常中,年龄界限对很多日本人来说已经消失不见。75 岁以上的老年人中,还有 16% 在继续工作。东京的一家基金会——仕事财团——这样报告。另外,这家机构还准备给老年人提供人生的第二或第三事业。不过,老年人只能得到收入微薄的工作。他们的年龄越大,收入也就越低。已经年迈,却还得工作,这是全球趋势,从长期来看,德国可能也无法幸免。尽管对两国的情况只能做一个粗略比较,但是就德国而言,仍在工作的老年人口数量也在增长，如同联邦统计局的数据所展现的，2014年就约有14%的65~69岁的老年人投身工作。仅仅过了十年，这个比例就达到原来的两倍以上。

日本的老人经常是毫无怨言地投身工作。对很多人来说，长时间工作是很自然的事。这首先有经济方面的原因：在日本，很多职业的年龄界限要比德国更早一些。比如说，按照官方规定，公务员经常只工作到60岁。在这之后，他们就以"天空信使"的身份，转到其他机构任职，比如大学或各大公司的子公司。他们在那里至少会工作到65岁，直到他们缴满养老金，甚至经常会工作更久。

日本专家喜欢提及文化上的原因，说他们的同胞会比打上了基督教烙印的德国公民工作得更久，经常挂在嘴边的一句话是：日本人不会把工作看成是《圣经》里的苦难，或者甚至是惩罚。这说法可能部分在理。但是最晚从20世纪80年代末期日本经济泡沫破裂以来，日本老年人工作得越来越久，是因为他们别无选择：他们的退休金经常不够用，无法满足生活开销。尽管从前日本因为可以提供终身保障的工作而闻名，但是在经济危机时期，很多日本公司就开始把员工推向下面的子公司。职员在子公司里不得不面对较差的工作

第一章 没有"希望"的国度

条件,以后的退休金也会相应减少。

这么多年里,我遇到了很多干苦力活的日本老人。有个老人叫柳沢由郎,他的故事让我深受震动。以前,他曾以金融专家的身份在农业部、渔业部和林业部工作。我2010年在东京城的东边与他相识,那时候他62岁,事实上已经退休两年了。他很瘦削,戴着一副无框眼镜,给人的印象是曾经长期从事案头工作。我几乎无法想象他现在每天的工作内容:从上午九点到下午五点,将30公斤的米袋扛到磨坊里去。柳沢没有其他选择。按照规定,他缴纳完退休金的年龄期限,已经提高到了65岁。他的工作场所常常燥热难耐。"每次当我把袋子打开,把米倒向架子的时候,都会扬起一股灰尘。"他说。但他还是继续干了下去。他害怕丢掉这份工作,因为他是通过一家介绍临时工的机构找到这份差事的。正因如此,他还放弃了本来可以享受的十天带薪假期。"没办法。"他说。

很多日本人的认命一再让我感到震惊,几乎没人提出针对政府和社会的要求。2016年夏,我约了一位退休的老太太森実惠子在横滨的一家咖啡馆碰面。她75岁了,跟我说她心里轻松了好大一截儿,因为她几天前找到了一份新的工作:在一家邮售商店当推销员。她的收入没有保障,金额按照她招揽的客户数量来计算。她已经招揽到了几位熟人。"这并不难,"她说,"可是当我要去游说陌生人的时候,难题就开始了。"

　　森实太太给人的印象是颇为注重仪表,妆化得优雅大方。她递给我一张蓝色的名片,上面列有她可以从事的工作。多年以来,她在前夫的建筑公司里掌管账目,直到他俩离婚。此外,她对日本女性传统服装和服的专业去渍也很在行。她还受过老年护理的培训,已经结业。尽管她已经无法胜任重体力活,但离颐养天年还早得很。她每月领取 6.7 万日元(516 欧元)的退休金,想要维持生活还差得远。她跟已经成年的儿子住在一间公寓里,但儿子的收入很低。她担心因为太过虚弱而无法继续工作,害怕那一天的到来。她说:"那可能是最糟糕的事。"

　　真到了那么一天,对于仰仗柳沢先生或者森实太太这样辛勤劳动的退休人员的日本经济来说,也可能是一大损失。跟德国不同的是,相对来说,日本只会允许少量外国劳动力进入本国工作。这个岛国担心失去自己的文化特性,宁愿本国人民一家亲。但这些年来,不对外来劳工敞开大门的要求越来越难以维持下去。迫于压力,日本政府计划放松严格的移民规定，截至 2025 年，额外引入 50 万外来劳动力。按照官方统计，已经有大约 130 万外国人在日本工作，占整个就业群体的比例不到 2%。实际数字可能要高得多：在建筑工地、超市、餐馆、护理院和乡村企业，可以越来越多地看到非本国劳动力的身影。大多数人来自中国、越南、印度、尼泊尔或其他亚洲国家。很多人都以"技术实习生"的名义来到日本，在有限期内居留，实际上拿着很低的收入，遭到盘剥。他们的法律地位极不稳固，这对寄居国来说却是一个便利：日本可以根据振兴经济形势的需要，相对迅速地将他们驱逐出境。

与长期向移民敞开国门相比，日本宁愿寻找对抗老龄化后果的技术解决方案：没有哪一个工业化国家像日本这样，如此醉心于使用机器人，以便实现日常生活的自动化。就连老年护理领域也是如此：早在 2005 年，在东京一家叫作"安乐之乡"的护理院里，工作人员就已经向我展示，如何让洗浴机器人帮助老人淋浴，然后擦干身体。政府为这些机器人的使用提供经费资助。为了给老年人和阿尔茨海默病患者提供精神慰藉，很多护理院还引入了机器海豹和机器猫。2017 年春，当我再次路过"安乐之乡"的时候，原本预料会看到一家完全自动化的护理院，但事实正好相反。护理人员得出的结论非常冷静,令人震惊。"跟往常一样,类似洗浴、换尿布和喂食等常规工作,都只能手动操作。"护理院院长说。至于其他方面,比起使用昂贵的机器并耗时等待,手动干活经常都会更加快捷和简便。官方规划者的愿景与护理人员的日常之间,显然隔着两重天。

在日本西南部的佐世保,我下榻在该国首家设置了无人接待前台的酒店,提供服务的是机器人。当我第一次听说这家酒店的时候,自然不想错过这个美好的体验。但是,酒店里的经历让我失望了。有三个机器人在接待台后面欢迎我,一只恐龙、一个穿制服的女士,还有一台看上去就像外星人的机器,最终他们除了说出一些套语,礼貌地摇晃一下脑袋,其余的也做不了什么。入住、退房和结账必须由客人自行解决,还需借助机场等地方设有的自助服务机。采用这一方式尽管节约了员工成本,但现在这些事务都需要由客人自己来处理,而不是机器人。能够帮我把行李箱送到房间的机器人,我在任何地方都没有发现。

为了让工业战略者雄心勃勃的计划成为现实,日本的机器人还必须学习很多东西。东京的野村综合研究所预测,在10~20年,甚至以后,本国差不多一半的工作岗位可以由智

第一章 没有"希望"的国度

能机器人来任职。然而,自动化趋势又让这个老龄化国度的另一个问题浮出水面——到处都缺乏为机器人开发必要软件的专家。据估计,到 2020 年,日本信息技术专家的缺口约为 36 万人。

在传统行业内部已经可以看到,人口日益缩减的日本也面临丧失巨大技术财富的危险。跟德国相似的是,日本也对其"隐形冠军"颇感自豪。这里指的是那些中小企业,从制刀作坊到汽车供应商,很多都是各自行业里不显山不露水的国际市场引领者。目前这些企业还雇用了很多日本员工,但每年都有几千家企业关门,原因是企业主的平均年龄已经超过 66 岁。据估计,到 2030 年,他们的平均年龄甚至会上升到 80 岁。很多企业主找不到继任者。

政府试着采取措施,遏制企业的消亡。东京的一家组织就建议年迈的企业主处理好相关的继任问题,或者及时出售企业。这方面仅出现过寥寥几个成功案例,其中之一就是日本北部秋田的田川软垫加工公司。我在 2016 年夏参观过那家企业,当时 78 岁高龄的企业主高桥和夫还为我打开过一个车间,在那里他跟手下员工一起工作了 50 多年,为座椅装上软垫,蒙上新面子。车间里还残留着木头和塑胶的气味,但里面基本上已是空荡荡的。员工、机器和技术都已经被毗邻城市的一家公司接管。车间的墙上挂着一幅软垫椅子的宣传海报,那个产品是高桥尤其引以为傲的:他曾经向纽约的联合国总部大量供货。

"我就是找不到继任者。"高桥说。出售公司,这个办法在他看来总要好过听任他毕生的事业毁于一旦。尽管如此,他脸上仍是愁云笼罩。告别的时候,他指给我看周围的环境,那里的房屋排列稀疏,间隔巨大。"从前这里有很多类似的中小企业,"他说,"但最后都不得不关门。"

随着每一家公司关张以及每一名年长同事的离职,留下来的那些人,也就是较为年轻与尚在打拼的人,其工作负担就会加重,他们必须越发辛苦地工作,尤其是在服务行业——在那个领域,几乎没有第二个国家像日本那样要求尽善尽美。整个国家得以运行,多亏了那些不辞辛劳、让人放心的工作者,不管是24小时不打烊的商店,还是即便深夜里还把箱包送到千家万户门口的快递员,他们经常过度劳累直到昏厥。他们的工作强度特别高、时间特别长,也是因为经常要提供如德国等其他国家视为多余的服务。在日本的银行,经常会安置一位有时候甚至是两三位职员,他们的职

第一章 没有"希望"的国度

责仅仅是在入口处用高昂而清晰的声音招呼客户。直到不久前,日本快递业还存在一条理所当然的规定:投递员必须不停地按收件人的门铃,直到后者出现。按人均劳动效率来计算的话,日本不及那些工作时间较短的国家。2015年,日本的工作效率在经济合作与发展组织成员国中仅排到第25位,位居希腊之后。无论如何,德国还是名列第八。

在古老的城市京都,我遇到了一名教育学系的学生,他在一家24小时营业的商店里打工了一年半。鉴于劳动力短缺,原本可以推测的是,这个学生应该收入颇高。但这就是日本长期的通货膨胀危机带来的矛盾现象:工资酬劳几乎没有增加。这名学生每小时的酬劳折合6欧元,却被像奴隶一样对待:一旦没有完美地履行工作职责,他和同事们就不得不直面各种名目繁多的惩罚,从打扫洗手间到扣工资。他必须大量加班,经常工作到凌晨三点才回家。最后他看起来如此筋疲力尽、憔悴不堪,以至于父母对他的健康忧心忡忡。他的父亲给商店打了电话,以儿子的名义辞去了工作。该学生跟我坦白说道,他本人是从来没有这个勇气提出辞工的。他从来就没有学会说"不",或者提出异议。

我在东京结识了一位律师,他关注的就是那些严苛工作文化的受害者。他叫指宿正一，曾经几次在他狭小的办公处介绍我跟因为工作而近乎崩溃的当事人认识。有位委托人曾在一家印刷企业工作，他向我讲述了不得不像牛马一样工作的遭遇。跟他一道入职的同事，大部分离职了，于是他不得不承担其他人的工作量。最后他几乎只是为了公司而活：晚上也不回家，就在办公桌上睡觉。

2014年1月的一天，这位先生实在是筋疲力尽了。他拿出智能手机，打开日本人喜欢用的聊天软件"连我"（Line），给一向催促他创造更大业绩的上司发送了一条简短的告别短信："这里有太多我无法完成的任务。"然后，他驱车来到了自己在东京的最爱之地——只要他想独自思考的时候，就会去那里。他在副驾座位上放了一个木炭盆，点燃了炭。接着他吞下几片安眠药，喝了点啤酒，关上车窗。他从这场自杀企图中死里逃生，要多亏他的妻子，她知道这个地方，及时找到了他，把他从鬼门关拉了回来。

日本人用一个词来描述因为身心疲惫而突然昏厥死亡或者自我了断的现象——过劳死。过劳死的案例层出不穷，而政府只是在缓慢采取措施，从中吸取必要的教训，减少对这个充斥着完美主义的服务社会的苛求。

第一章 没有"希望"的国度

每年春天,雇主和雇员之间都要开展劳资协定谈判。这个程序叫作"春季攻势":企业主和工会代表面对面坐下来,大多都会就适当加薪达成一致意见。2017年春,有着16万雇员、堪称全日本最大快递公司的大和运输公司的工会,因其要求引发了一场轰动:不是提出加薪,而是要求管理者限制需要投递的包裹总量。之所以提出这样不同寻常的建议,实在是迫于现实形势:在网上购物走向繁荣的过程中,无数包裹潮水一般涌向运输者和投递者,因为数量巨大,即便自动化程度日益加快,人工也几乎无法完成递送工作。大和运输的各位高层承诺采取措施,以便减轻员工的工作负荷,比方说,公司逐渐在火车站和超市安装了专门箱柜,方便收件人自行取货。

然而,工作量过大和加班加点仍然深深植根于日本的工作文化当中。要想有所改变,社会就必须来个彻头彻尾的转变,首先从儿童教育开始,直到改变工作的组织方法。在很多高楼里的办公间,只有等到上司披上外套,发出一般意义上的动身回家的信号,职员才敢下班。但即便是在下班后,同事们也经常一起去酒馆或者卡拉OK厅。一直以来,这也是男性主导的企业文化的组成部分,加大了女性尤其是已经生儿育女的女性进入职场的困难。

迄今为止，即便是公众运动，对于实现哪怕是稍稍缩减一下过长工作时间的目标而言，也显得收效甚微。2017年2月，政府和经济界引入了所谓的"优质星期五"：每个月的最后一个周五，建议企业和行政单位尽可能让员工在下午三点下班，让他们早早地开启周末时光。但政策推出以后，仅有寥寥几家企业响应了这一倡议，"优质星期五"也就宣告失败。

2018年6月底，政府又通过议会实施了一项改革，目的是让职场工作变得更加灵活。这对日本来说意味着一个新的开始——自1947年以来，首次限定了加班的最长时间。不过，在某些情况下，最高加班时长达到每月100小时也还是有可能的。"过劳死"能否随着改革的实行得以抑制，还要打上一个问号。批评者警告会出现相反的情况，因为某些行业收入较高的员工，要被排除在限制工作时长的范围之外。只有在立足深植内化的责任意识和非官方压力的公司文化里面，相关规定的出台才会为工作激情打开大门。日本人本该享受大大降低工作时长的待遇，但事实上他们并没有得到这样的待遇，相反，政府采取的措施只是一个充斥着悖论的拼凑之物。

了无希望的年轻一代

"感谢你给我的一切。"2015年年底,高桥松里在给母亲的诀别电子邮件中写下了这句话。接着,她从公司宿舍跳楼自尽。她24岁,在电通集团工作。后来,她的自戕被监管机构官方裁定为"过劳死"。当月她加班的总量达到了105个小时,比一般定义的"过劳死"风险上限还高出了25个小时。

这位年轻女士在电通集团仅仅工作了八个月,她刚从东京大学(简称"东大")毕业,这是日本最负盛誉的高校。电通的职位在日本被视为理想工作,是对经年累月埋头苦读的回报。电通集团是日本最大、最有影响力的广告公司,组织拍摄了大部分的电视广告和政党竞选活动宣传片。该公司于2000年就流言不断，那一年有个男性职员上吊自杀，他跟高桥一样年轻，也是多个通宵不眠不休地工作。然而，他的离世引发的愤怒仅持续了很短的时间。

相反，年轻的高桥松里身亡一事，在整个日本引发了持续数月的轩然大波。另外，政府利用这个契机，树立了一个反面典型，为计划中的工作改革造势。电视里一再播放温馨的画面，展示正当无忧无虑年龄的漂亮少女的形象。在移动的监控设备前面，监管机构的官员对电通集团总部进行清查，成箱地转运档案文件。集团的很多老板不得不公开道歉，有的辞职下台。为了表示悔过，电通集团让所有员工全部提前下班，或者按照日本人的理解，最迟晚上十点必须离开办公大楼。就好像为此提供证明一样，电视里展现了办公大楼里的灯火一下子全部熄灭的画面。

2017年10月，电通集团被法院处以罚金，因为它的加班时间规定违反了劳动标准的相关法律。电通必须支付50万日元（折合3800欧元）的罚款，这个数目也就相当于一些老板在酒馆里一个晚上的开销。这个判决再次表明，要等到日本缩短工作时长、提高工作效率，还有很多事情要做。

数十年来，在电通都适用一套行为准则，这就是集团内

第一章 没有"希望"的国度

部人人知晓的"魔鬼十诫"。比方说，它会教育员工"你要自己找工作来做，而不是等着指派工作"，或者"一旦开始工作，就不要停下来！即便你被杀死，也不要放弃工作……直到实现目标"。本着这一精神，电通的各位老板也把职员高桥置于越来越残酷的压力之下。"对于公司来说，你那20小时的加班时间纯属浪费。"据说她的上司曾这样骂她。上司不准这位精疲力竭的女职员休假，而是逼得她愈加走投无路："不要带着充血的眼睛来上班！"高桥多次在推特上发送了绝望的信号，但是没人真正把她的抱怨当一回事，也没人对她伸出援手。"公司规定，我周六和周日也得工作，"她曾这样写道，"我真的很想去死。"

她最后发布的几条消息，读起来就像是拼死工作常被视为目的本身的国家文化里的孤独呼救。在经济追赶期，日本就像是一家大型公司，主要生产纺织品、汽车、电视机和电脑这样的便宜大众产品。在那个时候，将青少年培养成忠贞不贰的职员和心甘情愿的消费者，自然有其工业政策方面的意义。日本社会制度打上了儒家思想的烙印，这一社会哲学思想最初来自中国，它调节父母与后代、上司与下属之间的等级关系。但是在21世纪的全球竞争中，日本不再需要一味盲目苦干、逆来顺受的人，需要的是思想家和发明者。

很多日本年轻人感受到，严苛的教育体系和专制的公司文化早已无法满足他们的现实生活需求。但是很多人在这个社会中看不到前景：他们拒绝走入职场，虽已成年，但仍继续住在父母那里，经常没有自己的收入，而且放弃成家立业。

在我一个日本朋友的儿子身上，我可以异常贴近地观察到以上变化。当我刚认识那个叫让的男孩的时候，他已经上了几年中学。自打出生，他的人生道路似乎就已经铺就。他的父亲是学者，母亲是记者，他们能想象的儿子的唯一未来，就是去上一所精英学校。他们希望儿子将来毕业后进入东京大学，也就是他们自己曾经在那里深造过的东京顶级大学。

以上计划最终成空。让是日本宅居青年中的一员，这个群体估计超过100万人。虽然这时候已是奔四的人了，但他仍然住在父母那里。他是日本人称为"蛰居族"群体中的一分子。他自己厌恶这个称呼，觉得它带有歧视意味，认为那是其他社会群体不友善的尝试，要将他这样偏离主流的小众群体和另类分子贴上失败的标签。我在一篇写给《明镜》周

第一章　没有"希望"的国度

刊的文章里把他称为"蛰居族",即便是把这个称呼打上了引号,他还是立马对我甩脸色了。他说:"不是我很奇怪,整个日本社会都是如此。"他说得在理。

让住在他父母房子里阁楼上的小房间里,窗户被他用纸糊上了。他不想看到周围公司里的职员早晚上下班的情景。他要出门的话,就会避开上班族的通勤高峰期。他偏好走空无一人的街道,不愿见到那些有工作的同龄人。跟其他所谓的"蛰居族"一样,他内心深处也深受折磨,觉得自己没有实现父母和他人对自己的期望——他对自己选择的封闭隔绝颇为自豪,但也并不因此觉得幸福。

对于日本人来说,成绩压力最晚到幼儿园结束时就已经开始。到那时之前,大多数日本儿童比德国儿童享有更多的自由。因为差不多大的德国儿童经常就已经被当作小小成年人来对待了,而日本父母却让后代我行我素,即便小家伙闹腾或者喊叫。但是一旦孩子进入小学,教育方式就会突然转变,从那时开始,孩子们必须约束自己,遵循严格规定的日常秩序,比如说共同参加教室清扫。有句日本谚语描述了这类教育的精神:"一根凸出来的钉子必须钉进去。"这听起来有点残酷,却反映了现实情况。

53

为了在教育体系中脱颖而出，很多学生在课后经常参加私人补习班，学习到夜间。整个日本有几十万家这样的机构。机构里的老师帮助学生为最重要的考试做好系统性的准备：从初中到高中，再从高中到大学。每年1月，日本都会举行统一的高等学校入学考试。这是电视台新闻里的头等事件。考试过后，大型日报整页地刊登考试题目。在考试之前，很多学生都会到特定的宗教场所参拜，祈求得到高分，或是给自己购买木质的许愿牌，上面写有保佑自己升级的愿望。

　　比之神灵，日本学生更信奉的是他们的补习教师。有些老师享有"明星培训师"的美誉，因为他们帮助众多学生进入了精英大学。我曾经造访过一家补习学校，大门口就挂着一块闪耀的牌子，上面写着这家学校以前的学员考上的好大学的名称。补习班的老师向学生传授必要的技巧，帮助他们通过考试，即便是外语科目最终还是要靠死记硬背。这就可以解释为什么日本人近乎整个学生时代都在学习英语但很少能够自由地用英语表达自己，因为居于学习中心地位的，是可以提取的语法知识。

　　我朋友的儿子，很早就饱受严格教育体系与校外复杂日

第一章 没有"希望"的国度

常生活之间巨大差距的折磨。他变得越来越有攻击性，对待自己和别人都是如此。他虽然掌握了很多事实上的知识，但没有学会其他社会能力，比如解决矛盾、承担责任、成长为一个成熟市民的能力等。"以前我总是让老师和同学感到头疼，"他说，"一再因为多嘴吵闹而引人侧目。体育课上，其他人都向右走的时候，我却偏偏向左。"不知从何时起，他就经常长时间不去上课。

年复一年，日本都会产生新一代的边缘群体。根据位于东京的科教部的统计数据，大约有12万中小学生逃学，人称"学校拒绝接收者"。事实上，这个群体的隐蔽数字还要大得多。只要日本不从根本上改变其学校制度，那些跟其他人不一样的学生，或者想要与众不同的学生，大多数情况下就只剩下"家里蹲"这样一条唯一的出路。或者，去上一所由名誉协助者经营的"自由学校"。

2016年秋，我造访过一家这样的私人学校。它叫"尼莫"，位于东京隔壁的千叶市。跟传统学校相比，"尼莫"几乎没有什么共同之处：沿着陡峭的楼梯拾级而上，我走到了一间被改造成学校的两居室公寓。我在这里遇到了20名少年，有些在打电脑游戏，有些在玩着智能手机，还有些在聊天。

那会儿还是早上，孩子们还没想好怎么度过一天的时间。但这也正是"尼莫"与普通学校的区别。"孩子们自己考虑，决定要做什么、想做什么。"校长前北羽海说，这里的所有人都只喊他的名字。羽海看起来不像老师，更像一个年长的玩伴。他戴着一副牛角框眼镜，穿着T恤，总是面带微笑。他32岁，但他绝对不想在此以教育家自居。他说自己也曾是"学校拒绝接收者"。他声称，"尼莫"会给所有在学校里感到束缚和逼迫的学生提供庇护。

羽海的学生中有几个在原来的学校经历过创伤事件，遭到过同学的羞辱或者虐待。"霸凌"，日本人经常这样称呼这类残酷的"戏弄"。有时候，受害者是如此绝望，以至于走上自戕的道路。每年有那么几个星期，日本会热火朝天地讨论"霸凌"话题，这就是9月1日前后，那时候暑假结束，新学年开始。有些孩子非常惧怕很快又要回到校园霸凌者的身边，因为看不到其他出路而不得不选择轻生。从这个意义上来说，校园"霸凌"不是仅仅限于那么几天，而是像乌云一样笼罩着整年的学校日常生活。

2011年10月就发生过一起案例：日本西部城市大津一名13岁的男孩遭受同学的严重霸凌，他心生绝望，从家里

第一章 没有"希望"的国度

的阳台跳楼自尽。在这之后,各大媒体曝光了男孩痛苦遭遇的恐怖细节,报道时间持续数周之久。霸凌者向他勒索金钱,用胶带封住他的嘴,把他捆绑起来。他们还强迫他吞食死去的虫子,去参加某类自杀训练的学习。男孩的老师们先是声称并不知道他的遭遇,接着又改口说,尽管他们注意到了孩子们之间的各种冲突,但以为那就是没有恶意的吵吵闹闹。这起案件还引起了日本议会的关注,2013年,议会颁布了一项关于预防校园霸凌的法律,规定学校应该履行相关义务,密切关注霸凌现象的苗头,采取应对措施,在道德教育的框架内培养学生与周围人群和谐共处的能力。

不过,学校日常生活不能简单地通过法律予以掌控,霸凌事件并没有消停:2015年,日本北部一名13岁男孩撞火车自杀。据悉,他也曾被一名或多名同学殴打和恐吓。同年,东京一所精英高中的一位学生遭到同学的严重霸凌,以至于他不再上学,由此成为一名"弃学者"。校园暴力逐渐升级。一开始男孩被逼吮吸蝉蛹,接下来他在体育课上被人剧烈推搡,折断了多根手指关节,还得了脑震荡。即便是这一次,老师们也声称很长时间对此事一无所知,直到相关法律出台很久以后,他们才向主管部委报告情况。

最后，所有学生——不管是被霸凌的还是实施霸凌的——都成为日本教育制度的受害者。这一制度只注重机械式的训练，并未能协调好必要的纪律与个人自由发展之间的平衡关系。有人曾在日本西部奈良县做过一项调查研究，结果显示，在那些实施过校园霸凌行为的青少年中，70%以上也曾有过被霸凌的遭遇。这份报告展示了日本这个国家的困境，无法再给年轻一代带来任何希望。自20世纪八九十年代的经济过热和经济泡沫破裂以来，让这个正在衰老的国度感到日益困难的是，如何给后代普及人生值得的价值观。了无前途的观念弥漫开来，进而催生了他们的倦怠感和攻击性。

2015年2月，有人在东京附近的川崎市发现了一具13岁中学生的尸体。这个男孩生前长时间辍学在家，他加入了周围一个由年长些的少年组成的帮派。这个团体维系着森严的等级礼仪，相关礼节就像一出残酷的讽刺滑稽戏一样，在日本的成年人日常生活中发挥作用。因为这个男孩没有立即回复年长队友在聊天软件"连我"上发送的信息，就要被迫接受日本监狱里才会用到的处罚，即一动不动地盘腿端坐。男孩不得不承受的折磨变得越来越残酷，最后，年长队友

第一章 没有"希望"的国度

命令男孩在大冬天里脱光衣服,到汇入东京湾的多摩河里游泳。接下来,他们又拿刀不停地折磨他,直到他身亡。

毗邻东京的崎玉县,也有一个16岁的少年被人以同样残酷的方式折磨致死。他生前也曾被一帮青少年私刑拷打,也曾被逼赤身到冰冷刺骨的河里游泳。后来,作案者就把他的尸体掩埋在岸边。

家长、老师、政客和媒体对这类事件的反应大多是相同的,表现出极大程度的束手无策。早在20世纪80年代,日本就已经开始讨论课业压力以及校园内外的残酷霸凌现象,那时候教育部就已经暂时放松了学校操练。"要开展留有余地的教育。"当时的口号如是说。到了20世纪90年代初,学校引入了五天学习制,目的是减轻课业压力。青少年要得到自我发展的个人空间。

日本对教育的定义主要就是传授可以运用的知识,然而很快就出现了一场与政府的自由教育路线背道而驰的运动。家长吃惊地发现,孩子们突然有大量时间宅在家里,得不到教育上的监管与引导。很快,提供给学生的自由空间又被压缩了。自此以后,很多孩子周六要去上学,不少情况下甚至周日也要去。在此期间,他们不光要走入传统课堂,经常还要参加小组学习。

作为挽救纪律意识下降的应对手段,秉持国家主义的政客和专家宣扬,要对中小学生大力开展"爱国主义"教育。在学校举办庆祝活动,要升起日本的太阳旗,齐唱国歌,越来越严格地遵照和执行相关政策。那些因为日本曾经犯下的战争罪行而拒唱国歌和起立的老师,必须面对纪律监察程序。在缅怀"爱国主义"的进程中,日本加大力度,试图把该国历史上的污点从中小学历史教科书中删去。有关日本犯下的战争罪行,比方说南京大屠杀——1937年日本士兵屠戮了至少30万中国人,日本中小学生最多只是了解到几行干瘪无力的字句。

2018年春,日本政府首先针对小学提升了德育科目的比重,此时,注重精神和道德的转折点达到了一个临时高潮。注重德育,这本身并不是什么坏主意。不过,这一步引发了人们显而易见的担忧:直到第二次世界大战结束,上级机关一直在滥用德育课,将日本青少年培养成了盲目服从的奴才。日本战败以后,美国占领军已经禁止了此类灌输。进入21世纪,日本又将会给本国青少年传授什么样的美德呢?"有礼有节""平和中庸"等已经写进了教学计划,这不

第一章　没有"希望"的国度

是什么新东西。但后代们同样需要而且更加迫切需要的，是进行民主化参与和批判性反对的鼓励教育。

很多日本人终身饱受中小学时代创伤的折磨。我朋友的儿子让，最终决定拒不参加大学入学考试。这对于他的父母和亲戚来说不啻晴天霹雳。他们无法理解的是，这孩子为什么不愿意除去这个具有决定性的障碍，为什么撕毁了进入职业生涯的入场券。

考上了日本的大学的人，就可以从所谓的考试地狱中抽身而出，长时间地缓一缓，因为对于日本大学生来说，四年时光主要是用来玩乐，直到严酷的职场生活开始。不过，在第三学年大多数学生就开始找工作。进入职场也被打上了严格的仪式烙印——每年4月1日是各大企业新业务年度开始的日子，这时候新入职人员就会走上工作岗位。成百上千的新手身着统一的深色西装，一般按照性别站成左右两排，他们的头发一丝不苟地分开，或者端庄大方地扎起来，聆听上司的训话。时至今日，这样的传统仪式在丰田、索尼和三菱等公司经常还可以见到。

在战后经济以两位数的比率增长的工业化崛起时期，日本社会还宽容地帮助我朋友的儿子让这样的自闭者。但是自

20世纪90年代初经济泡沫破裂以来，公司文化的风格就变得粗野起来。起初，经济危机让工作岗位的竞争变得尖锐化起来。时至今日，持久的劳工荒导致在职者不得不越发辛苦地工作。

让能够逃避职场生活，这要感谢他的父母退休金足够高这一现实。与其他弃学者不同的是，他不但无需靠打零工维持生计，还可以通过读书、看电影和上网来度日。跟他聊天的时候，我惊奇地发现他对世界时事的了解是那么深入，个人观点的表述又是那么清晰，而且足够深思熟虑。从他那里我了解到日本社会的很多方面，而这些是我在此之前几乎没有注意到的。他沉醉般地写日记，可能也是因为缺少对话伙伴。他的记录总是围绕一个中心问题：为什么恰好是我无法在这个社会中施展拳脚？

这个问题也可以换一种方式来问：为什么日本社会把最睿智、最富有创造性群体中的一部分人，驱逐到了自己的房间或者其他自我封闭的狭小空间？鉴于老龄化现状，可以期待日本会给幼儿和青少年创造新的发展空间。但整个社会变得越来越讨厌小孩，即便日本官方宣扬的正好是与之相反的一面。

第一章 没有"希望"的国度

在日本政府看来,对后代的鼓励资助首先对住宅建筑构成一大挑战,而这一点可以动用水泥、钢筋和玻璃等建筑材料来解决。政府计划将出生率提升到日本女性人均生产1.8名小孩的水平。为此,政府资助新的育儿所和日托所的建造。2013年4月,政府宣布要让排队等候托儿服务的儿童数量从2.2万下降到0,但四年后,等候的数目反而上升到了2.6万。根据非官方数据估计,无法进入托儿所的儿童的数量,差不多是原来的三倍。

不过,即便是在计划新建育儿所的地方,对一个正在老去、日益变得神经质的社会来说,也常常缺乏接纳孩童的热情。有个私人投资者计划在东京附近的市川建造一家育儿所,但不得不妥协于社会接纳程度如此之低的现实。他本来计划建造一座两层的场所,让100名小孩享受托育服务。差不多所有内容他都考虑到了,包括游泳盆、秋千、滑梯、隔音墙、装有隔音玻璃的窗户等。但是他完全低估了附近居民的反对之声。大多数年纪较大的居民不愿意接受孩子,害怕他们今后会在此地制造噪声。最终,他们的抗议奏效,在投资者开工之前,建造计划就被搁浅了。正在老化的日本尽管对孩子并无敌意,但无法接受把托育所安置在自己周围。

2017年秋，我再次跟亲戚游马约定碰一下面。碰头的地点是我居住的东京高圆寺一带，那里事实上是个不夜城，到处都是酒馆，一家挨着一家。年轻的音乐人在火车站周围的街道上演奏，希望能在首都做出一番事业。这一次游马带来了一个原来的学友，他叫村川。村川也是单身，这让我大为惊奇，因为他看起来颇有运动气息，而且很吸引人。村川在一家生产电视天线的公司上班，不久前公司刚被一家中国大型企业合并。他住在父母的公寓里，并在那儿长大成人。小他三岁的弟弟也还住在那儿，是个蛰居族，几乎从不离开房间半步。

我们坐在一家街边小酒馆里，这里的桌子就是啤酒箱，在我们上方，红灯笼在风中飘动。几杯啤酒下肚，村川开始讲述自己的故事。27岁那年交了个女朋友，他说她曾经问过他每月的收入什么时候可以超过30万日元（约2300欧元）。"我没法回答，"村川说，"我只是哭了起来。"在这之后，他俩的恋爱关系很快就断掉了，于是，村川成家的梦想也暂时破灭了。

"我是想要小孩的，"村川说，"要两个。"游马附和说："两个好啊。"游马也没有完全放弃某个时候能当爸爸的希

第一章 没有"希望"的国度

望。他喜欢孩子,说:"偶尔有小孩来我们超市的话,我会很开心的,但那个地带差不多只有老人居住。"然后他又想了想,说:"不过,附近某个地方是有一家托育所的。"前不久,他工作的超市给那家托育所送过一箱香蕉。周围有一家托育所,预订香蕉的托育所,这样的现象在日本是非常少见的,正因如此,游马才对这一订单记得如此清楚。

第二章
福岛：错失的机遇

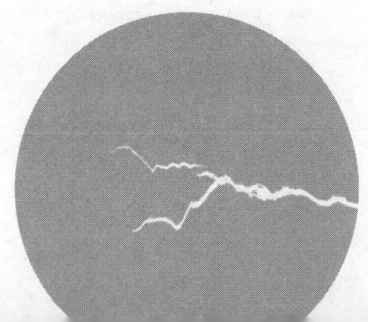

2011年3月11日的创伤

隔着很远的距离，福岛县双叶町的政府大楼看起来都让人眼前一亮，赭黄色的建筑物给人以鹤立鸡群之感。对于一个仅有7000人口的小镇来说，政府大楼确实有点招摇了。双叶町曾是富庶之地，福岛第一核电站的一部分就在此地。多年以来，双叶町都会得到丰厚的政府拨款。因为日本会资助核反应堆所在的驻地，所以双叶町有财力修建高配置的健康中心、图书馆和其他社区机构，令附近的城镇艳羡不已。

当我于2016年11月造访双叶町的时候，发现上述所有建筑物孤零零地矗立在那儿。政府大楼前面的停车场空空如也，杂草从沥青路上探出头来。曾经打理得很好的花坛上，灌木丛疯狂生长，两头受惊的野猪窸窸窣窣地从中穿过。在一个开放的停车库里,堆着从一面宣传旗上拆卸下来的金属部件——曾几何时,那面旗帜就像一道凯旋门,覆盖了双叶町的整条街道,旗帜上写着标语:"核能,家乡的发展,富庶的未来。"核灾难发生以后,不知什么时候有人悄无声息地取下了条幅,扔到了这里。现在,它看上去就是一个残酷的笑话。

在我踏进政府大楼的那一刻,发现它看上去似乎一切照旧,就好像官员们去进行短暂的午休了。电话搁在办公桌上,卷宗处于摊开的状态,招聘公告还挂在墙上。但表象是有欺骗性的,事实上,这里再也不会有人来上班了。

在一间宽敞的办公室里,我发现了一块从墙面脱落的牌子,上面有"核能部"的标识。一个文件柜里堆着彩色的小册子,双叶町曾用它们招揽游客,宣传当地田园般的自然风景和太平洋海岸的洗浴之乐。文字的边缘处还做了严谨的注释,说明宣传册跟当地的很多东西一样,都受到核电站迁移专项经费的资助。另外,还有一本封面上印有如洗蓝天的小册子,是为多亏了核能方才走向繁荣的"能源之地双叶町"打广告。这本小册子旁边还放着一个装有气球的小袋子,气球曾用于广告活动,意在向后代宣扬当地发展核能的优势。

第二章 福岛：错失的机遇

我旁边站着桥本康治——双叶町的一名公务员，他为我打开已经废弃的政府办公楼大门。他40多岁，短发用发胶定过型，显得很时尚。桥本带我走到他原来的办公桌旁边，他曾经在这里撰写旅游小册子。他现在仍然负责双叶町的宣传工作，但不在这幢充斥着幽灵般寂静的大楼里办公。他特地从上田市赶来，那是南边的一个城市，距离此地一个半小时车程。在位于上田市似乎给人流放之感的临时市政厅里，市政管理部门负责先前双叶町居民的各种事务，而现今他们已经流落到了全国各地。

双叶町是座幽灵之城，在本书出版之际，它仍然保持着这个特征。该城遭受了如此巨大的辐射，以至于大部分地方多年都无法住人。核灾难发生以后，爆炸的福岛第一核电站周边就被划为隔离区，而双叶町就位于核电站周围20千米的隔离区之内。在更远的城镇，由于辐射影响已大幅度降低，于是政府宣告在那里完全可以安居，但双叶町离废墟实在太近。有个地方被路障封锁起来，我只能在拿到特殊批准的情况下才可以前往参观，而且必须由桥本陪同。我们周围充斥着非同寻常的沉寂，偶尔被响彻该地的广播打破，它催促在此逗留的人及时离开。

福岛县内，时间仿佛从2011年3月11日的某个时刻起就停滞了。在那个周五的14点46分，日本东北部的大地开始剧烈震颤，不到一小时，一场来势汹涌的海啸席卷了海岸，掀起肮脏的灰色海浪，最高达到15米，在有些地方甚至跃得更高。浪头吞噬了海滩、港口、码头、稻田，摧毁了人群、渔船、汽车、房屋、工厂和储油罐。由直升机拍摄并部分实时播放的影像，唤起了人们对世界末日的联想。影像有着令人震惊的真实感，以至于此后几乎再也没有被电视台播放过。对于很多幸存者来说，那段回忆都是痛彻心扉的。仅海啸就造成约2万人丧生。直到今天，被毁坏的城市和村庄、伤痕累累几近荒芜的风景，都见证着日本人所言的举国灾难——"3·11"事件。

然而"3·11"事件还代表着第二场灾难，它是地震和海啸引发的直接后果，即福岛第一核电站灾难，这是继1979年美国三里岛和1986年苏联切尔诺贝利核电站事故之后发生的最大核灾难。这场灾难不光是由自然力量造成的，也涉及人为失误的因素。

福岛第一核电站的运营商——东京电力公司（简称"东电"）——曾臆想已经做好了某些方面的准备。但是要抗击

第二章 福岛：错失的机遇

如此大规模的海啸，东电并未做好充分的预防工作。由于水量的摧毁性如此之大，核电站设备的紧急供电几乎陷入停滞，渐渐地，核反应堆和冷却槽里供燃料棒所用的冷却系统也失灵了。核电站由六个核反应堆组成，地震发生时，有三个正好因为检修工作而被关掉了，否则灾难还会更加严重。

停电之后，物理和化学连锁反应发生，引发了核电站中可能发生的最严重的高危事故。海啸之后的第二天，在第一个核反应堆设备里，氢引发的压力是如此之大，以至于外壳都发生了爆炸，具有放射性的铯137溢出到自然环境里。过了几天，另外两个核反应堆外壳也飞入大气之中，灰白的烟云升腾到空中。而这场破坏的残酷程度，比如异常扭曲的钢筋、分散四射的水泥残渣，要到后来方才可见。一开始只能推测遭遇了海啸的设备里面发生了什么。安装在数千米以外山上的一个电视摄像机，转播着淡蓝色背景下大爆炸的模糊影像。《明镜》周刊以"福岛，2011年3月12日15点36分——核能时代的谢幕"为题，把这些图片发到了头条新闻。

那会儿各种事件接踵而至，编辑部推迟了平日的下班时间。3月12日那天是个周六，我们都在忙着更新头条新闻。直到后来方才核实，很多人畏惧的是设备内部出现核心熔毁，但东电总裁对此缄口不语。又过了很长时间，福岛第一核电站周围的居民才被告知这场灾难的真实摧毁程度。16万多居民不得不逃离住地。很多家庭及其四邻不得不颠沛离散，流落到全国其他地方。事故发生多年以后，还有很多人仍然在临时住处栖身。很多人可能再也无法重返家乡。

在那个充满戏剧性的3月里，整个世界密切关注着这起灾难，迷惑不解而又越来越震惊万分地发现，日本是在采用多么原始的手段，来试图控制发生了事故的核电站。这个曾生产出会讲话的轮椅和吹小号的机器人的高科技国家，甚至都没有足够高的消防起重机可以把冷水洒入过热的核反应堆废料，而只有借助外国的支援才能实现这一点。如果要列举一个展示日本当局束手无策的象征性场景，那就是以下画面：军用直升机将装满水的木桶倾倒在过热的设备上，就好像是想要扑灭一场森林火灾。

福岛灾难不但让日本民众失去了对其核电站安全性的信心，而且摧毁了举国上下深信不疑的技术先进性的神话。灾难还埋葬了民众对这个国家的信任，因为该国面对灾难时表现出来的无能为力令人瞠目结舌，以及根本无法保护国民不

第二章 福岛：错失的机遇

受灾难及其后续影响的侵害。

几十年来，日本一直被"原子能村"（或"核电村"）掌控。世人用这一名号来称呼那个强大的利益集团，它由政客、官员、供电商、核反应堆生产者、学者与记者组成。他们齐心协力，阻碍了社会对核工业的独立控制。福岛事件是一场"人为的灾难"，日本议会2012年7月发布的调查报告得出了这样一个结论。鲜少有人试着从"3·11"事件中吸取教训，议会的批判性分析算是其中之一。报告之所以能够出版，是因为"核电村"在事故发生后隐匿了一段时间。不过，很快这个集团就卷土重来。支持或反对核能的辩论还没来得及正式开始，就在很大程度上陷入了一片喑哑。

福岛事件颇具代表性，由此事件可以看到一个大国是如何错失了进行根本变革的良机的。这里的变革不单是指退出核能使用，就像德国所做的那样，将这一措施的引入视为对福岛灾难的回应。变革还应该包括政治、管理和社会等各个领域内的深层变化。为了方便理解告别核能对日本的工业规划者有多么不可理喻——不管是在过去还是现今，也许可以打个比方：核能在日本被很多人几乎奉为圣物，就像汽车之国德国很长时间也把内燃机贴上神圣的标签一样。

不过，从长远来看，日本也不得不改革其超前发展的增长模式，而正是其相关制度才导致了核灾难的发生。这个国家面临多么艰巨的任务啊，当我造访荒僻的福岛时，这一感触不禁油然而生。福岛之行不啻一场恐怖世界之旅：主街道的左右两侧，到处都是被摧毁的商店，一家挨着一家。因为福岛残存的放射性仍然很高，所以住房和商铺的废墟只能就那样保持原状，跟昔日被地震摧毁时的状况别无二致。有家洗衣店处于半坍塌的状态，看上去就像一艘搁浅的船。一家肉铺的外墙深陷到了地下，看得见肉铺里面空荡荡的玻璃柜。当地寺庙的大门，有一部分被倒下来的石柱遮挡。停车场则被灌木丛掩盖，车主弃置在此的汽车锈迹斑斑。

福岛火车站，再也没有人来人往。桥本打开售票地的大门，那里还挂着2011年的火车时刻表。直到灾难发生，这里每天都有邻近村庄的中小学生坐车上下学。如今站台一片荒凉，轨道之间长出了野草。尽管日本政府计划恢复这段铁路交通，但很长一段时间内，大多数火车只被允许从遭受辐射的福岛疾驰而过。

据说，等到被摧毁的福岛第一核电站拆卸完成，遭受辐射的废墟降解，要耗费40年之久的光阴。日本政府做了

第二章 福岛：错失的机遇

如上规划，至于能否成功，无法确定。极有可能的是，日本将不得不更长时间地遭受核废墟的折磨。7000名员工几乎随时待命，维护设备的安全。相关形势有多么严峻，可以通过2016年5月在日本举办的七国集团峰会看出。那时候日本暂停了福岛的安全维护工作，目的是避免发生故障，至少是在举办峰会期间，在世界将目光投向日本的时候。

要承认核灾难带来的深重后果，这对日本政要来说颇为困难，他们给人的印象是，无论如何都要证明：即便是在事故以后，日常生活也在正常运行。早在2011年12月，当时的首相野田佳彦即已宣布，日本成功完成了发生灾难后的核电站设备冷关闭。2013年9月，正值日本为申办2020年东京奥运会①造势之际，野田佳彦的后继者安倍晋三做出承诺，宣称福岛已经"处于掌控之下"。但是每当国内大型地震和多雨的台风来临之时，日本政府都会忧心忡忡地再度把目光投向福岛。

福岛就好像是在做一场结果未卜的实验。每天，那里都会成吨地冒出被污染的地下水。尽管"东电"（东京电力公司

---

① 译者注：本书原著在2018年推出第二版，历史事实却是，因为2020年全球疫情席卷而来，原定的东京奥运会推迟一年举行。

的简称，下同）在被摧毁的核反应堆周围竖起了一面巨大的冰墙，目的是让地面持续保持某种霜冻状态，由此阻止地下水的流入，但这一措施无法完全奏效。因为遭到辐射的水无法经由过滤设备得到完全净化，就不得不暂时保存在大型储水罐中，于是污水就越贮越多。在双叶町我曾看到，有人开着推土机把核电站边缘地带的一块绿地铲平，为的是腾出场地，放置越来越多的储水罐。

应对危机的各大公司老总，不得不一再推延拆卸设备的"凌云"计划。按照2017年9月的通告，预计要到2023年，才能开始掩埋第一和第二核反应堆里的燃料棒。这比原计划晚了三年。不过，最大的挑战是从核反应堆以及金属和钢质部分里除去熔化后的放射性物质，而在堆芯熔毁过程中，该物质已经在反应堆容器里面或之外扩散开来。为了发现废墟物质的准确位置，东电就必须首先开发出防辐射的可遥控迷你机器人。光是这项任务就要耗费多年时间。东电曾安排机器人进行首批勘察，在某个场合测量过2011年高危事故发生之后的最高辐射剂量：每小时650西韦特。人如果被置于这样的辐射剂量之下，只需短短几秒就会一命呜呼。

这个恐怖的辐射值让人可以预计，要将反应堆里熔化后

第二章　福岛：错失的机遇

的核燃料取出来，需要克服多么大的技术障碍。到2019年3月底，东电计划做出具体决定，确定最后将会采取什么措施。真正意义上的处理预计会在2021年开始，即高危事故发生十年之后。

在这期间，处理灾难后果的费用也上涨了。东电在2016年年底宣布，为了对发生事故的核电站内部和周边进行清理，并支付受害者的赔偿金，东电必须筹措高达21.5兆日元（折合约1660亿欧元），这个数目大致是三年前预算的两倍。但这一估计的有效期能有多久，可能相关负责人自己也不知道。

相比之下，还有不能用金钱计算的东西，那就是核反应堆灾难带给福岛居民的心灵创伤。如果想要在某种程度上理解这一点，就得花费时间仔细观察一下。因为乍看上去，日本人有时候似乎可以承受"3·11"事件：灾难发生后的那些天，整个世界对日本难民的纪律性和容忍度感到无比震惊。没有抢劫发生，没有骚乱出现，直到今天也没进行值得一提的抗议活动。"3·11"事件的受害者大多只是默默承受着自己的遭遇。

直到今天，还有很多福岛人住在临时栖身的地方。在灾难降临之前，日本东北部农村地区的老龄化本来就已经非常明显，"3·11"事件更进一步加速了该地区的老龄化进程：青壮年搬离了被摧毁或者遭到辐射污染的住地，迁居到相距甚远的城乡，在那里找到了新工作，并安排子女入学。留在福岛的，大多是老年人和单身者。到2017年秋，那些逃离核电站周边地区的居民中，仍有超过1/3的人住在远离自己家乡的地方，且大多都分散在全国各地。

在我为《明镜》周刊工作的那些年里，我曾遇到过几个因为福岛灾难背井离乡的人，其中有一位搬到了京都的年轻女漫画家、一位迁到东京附近筑波市的玫瑰栽种者、一位跟太太和女儿举家逃到日本中部地区松本的医士。跟他们的相识真可谓撼动人心。这些逃离家乡的人，物质上似乎并不缺少什么，他们衣冠整洁，也可以在新的住处相对舒适地安居。然而，他们无一例外地失去了最重要的东西，这个东西，大概就是心理上的平衡吧。就拿那位女漫画家来说，即便是身居遥远的京都，也对放射担忧不已，因此尽量不接收来自家乡的包裹。另外一些人则失去了他们的生活目标，就像那位玫瑰种植者，他不得不离开位于遭受辐射的双叶町的家族企业。还有人失去了他们的开心快乐，就好比那位医士

第二章 福岛：错失的机遇

的女儿，常用智能手机跟以前福岛的同学聊天，但是在新的住处跟同龄人几乎没有任何联系。

　　幸免于难的日本人越是固执地尽力回归日常生活，那些背井离乡者就越发迅速地被人遗忘。无数受害者在痛苦中告别人世，还有些人自绝谢世。渡边滨子是个农妇，因为核反应堆事故，不得不离开家园。2011年夏，有一天她被允许回到自己遭受辐射的家乡，并待上几个小时。那时候她就走进自己喜爱的玫瑰花园，往自己身上淋了汽油，然后自焚。去世时，她刚刚58岁。后来她的丈夫把东电告上法庭，要求的赔偿高达35万欧元。但他的生活已经被摧毁了。

　　而后日本政府采取强硬态度，要求福岛重新恢复常态，越快越好。这一催促肯定也跟以下政策相关：高危事故发生后，全国范围内的核电站被暂时关闭，现在都要重新投入运行。在这种情况下，沉湎于对福岛以及灾难受害者的追忆，只会变成核电站重启的障碍。那些对灾难持批判态度的报道，逐渐被国内媒体挤至幕后。相反，他们大肆夸赞首批回到封锁区的居民。

　　坪井久雄就是满怀希望的群体中的一员，他是个农民，来自宫古岛。他住在田村市的一个行政区，距离核反应堆遗迹18千米，位于封锁区的边缘。宫古岛的辐射已经明显减少了，因此政府在2014年春开放该地区为首个可以重返的行政区。不久以后，我在坪井的院子里拜访了他。他脖子上挂着一台测量仪，检测得出的放射剂量数值确实非常低，因为他房子周围被污染的土壤已经被移走了。遭受放射污染的泥土和树丛都被人用黑色的塑料袋装起来，堆放在街边。在离院子不远的地方，就开始出现大大小小的山丘，高危事故发生之后，被辐射污染的云朵曾将它们润湿。坪井说："那里的放射值还像原来一样高。"

这个农民开着小型拖拉机，驶过一片刚刚注满水的稻田，所过之处秧苗自动插进泥里。经检测，他发现这里的放射值也很低。不过每场雨下过之后，都会有被辐射污染的水再度从山顶流进山谷，再流入稻田。田地被铯污染过，为了抑制扩散，坪井在田里撒了氯化钾。这个方法还是有效的。"经过检测，我种植出来的稻米被宣布是可以放心食用的。"坪井又心怀疑虑地看着刚刚耕作过的稻田说道："谁又愿意食用来自福岛的稻米呢？"但他仍在继续种田，这辈子他除了种植水稻就没干过其他营生。这里就是他的故土，不管有没有遭受过辐射。

第二章 福岛：错失的机遇

让这个农民悲伤的是，他在"3·11"事件之前跟儿女和孙辈住在一起，但现在他们因为害怕辐射而不愿回乡，这么久以来，他们住在封锁区以外的一座城市里，过着新的生活。

慢慢地，政府开放了封锁区的其他地带，允许居民回归。2018年春，已经有九个城市和乡镇被官方宣布可以再度居住。但是无论何处，老龄化趋势都在飞速加剧：据《东京新闻》报统计，44%以上的居民已达到或超过65岁。回乡者也多半是最衰弱的人，他们几乎没有其他选择。原因在于，他们临时住在封锁区以外的私人住处，但是政府现在削减了此前提供的租房补助，到2019年3月底，福岛县不再提供免费的应急住房。

位于核电站西北部遭受辐射尤为严重的饭馆村，2017年春也被宣布可以再度居住。日本媒体报道过当地是如何顽强地与灾难抗争的。据报道称，那个村庄今后会变成一个生态耕作的示范村。村里将会生产可再生能源，推动当地经济的发展。然而，当地原有5850名村民，现在仅有618名回乡，而且大多数都已年逾65岁。这些人住在这个了无生气的地方，大部分区域看起来就像灭亡了一样。很多房屋都空空如也，商铺也像往常一样大门紧锁，稻田则被翻耕，改种其他作物。

　　核反应堆灾难发生之前饭馆村充盈着的和谐，现在已被打破。争端的主要导火索在当地的学校，它于2018年4月在一幢改建过的大楼里重新开课。核事故之后，受过辐射的饭馆村的孩子们，被安置在封锁区以外的一家临时学校里上课。然而，上级部门催促孩子们尽快回到饭馆村。因为大多数家庭早已在封锁区之外定居下来，所以就出现了一种非常特殊的情形：那些回到饭馆村上学的孩子，不得不每天乘坐公交车上下学。不过，只有部分家长参与执行这项规定，大多数人都选择把孩子送到外面的学校上学。

　　有人就对官方的这种返乡策略持批判态度，比如佐藤健太，他是饭馆村一家电焊厂的副厂长。他身材颀长，喜欢穿紧身牛仔裤和尖头漆革皮鞋。他跟妻子和年幼的女儿现今住在福岛县，核灾难发生后，他们举家逃到了那里。佐藤没想回饭馆村常住，取而代之的是，他坐车往返位于饭馆村的工厂，那里只有他父亲坚守的岗位。我曾经与佐藤同行过两次，第一次是在2012年3月，那时候我们一路都看不到人，房屋和商铺被弃置一旁，只有护理院里孤零零地亮着灯：老

第二章　福岛：错失的机遇

人被留在了封锁区，没人苛求他们再挪一下窝。

到处都可以看见做清洁工作的人们，他们忙着砍伐受过辐射的灌木丛，把泥土挖起来装进黑色袋子里。男性穿着白色的防护服，戴着口罩，用高压水管冲洗房顶和墙壁。佐藤摇着头说："这些都会渗透进入临近的河流，下一场雨来临时，受过污染的水会再次从山上流下来。"那些清洁工人的行为，让我想起日本神道教法师驱除妖魔鬼怪的洁净仪式。然而无论如何，这种成本极高的清洁方法肯定不是长久之计，因为福岛第一核电站周围的地区近乎70%都由被森林覆盖的山丘组成，而那些山丘恰恰受过特别严重的辐射。

回乡的健康风险到底有多高，这是背井离乡的居民很难估计的。在饭馆村，也只是房屋四周20米范围之内的泥土被挖起来运走，而房屋后面大多都是被植被覆盖的山丘。到处都潜伏着所谓的"热点地带"，那里的辐射值达到极端。那些地方多半是孩子们喜欢前去玩耍的游戏场所。佐藤说："如果我们必须时刻看管好孩子，又如何在这里无忧无虑地生活呢？"

灾难过去的时间越长，昔日村民的状况差别就会越大：有些人很早就在封锁区以外购置了新的房屋或者公寓，部分也是动用了他们从东电获得的赔偿；另外一部分人继续住在临时落脚点，也是因为他们不知道长远规划该去哪里。嫉妒之心损害了昔日邻里之间的关系。佐藤如是描述村民的心境："一旦有人在窗户前挂上了新的窗帘，左邻右舍就会嘀咕：'肯定是用赔偿金买的。'"

最后，居民不得不自己做出判断，自负其责，决定是否接受归乡的健康风险。无论如何，今中哲治是这么看的。他是京都大学颇有声望的辐射研究者，定期在饭馆村做相关测量。2015年，他在位于大阪的研究所里接待了我。根据今中在核事故之后不久检测到的数据，那时候饭馆村的辐射值已经降至原来的1/10。他通过计算向我解释道，由于存在铯的半衰期，辐射值将会继续下降。这听起来让人心安。但今中接下来说道："我不会让自己的孙辈住在饭馆村。"

在福岛的居民中，主要是青少年的父母生活得忧心忡忡。自从核灾难发生以来，福岛县机关都会定期给未成年人（包括刚满18岁者）安排体检，以便尽早发现甲状腺癌。到2017年年底，已经诊断出160个病例。不过，疾病的罪魁祸首是不是核灾难，针对这一问题医生们持有不同意见。病例数量看起来有些偏高，会不会只是因为定期体检发现了一般

第二章 福岛：错失的机遇

情况下没有注意到的问题，对此医学界的看法也不统一。那些被诊断出来患有甲状腺癌的病人，大多也对自己的不幸命运守口如瓶，因为害怕找不到朋友或者结婚对象。

他们的担忧是有道理的，因为相对于日本其他地方，来自福岛的难民一再受到歧视。还会有这样的情况出现：来自福岛的孩子在新学校里被安上"病菌"这样充满恶意的绰号。孩童的戏弄反映了成人世界的失败，这里有教师、政客和媒体人士——他们并没有开诚布公地就福岛灾难及其后果展开辩论，取而代之的是对其进行挤压和驱逐。各种偏见扩散开来，跟从前广岛和长崎原子弹投掷事件幸存者所遭受的偏见大同小异。

放射线辐射是看不见的。但是在饭馆村和封锁区的其他地方，辐射却以间接方式永远存在着：到处都可以看见装有放射性垃圾的黑色塑料袋，它们让该地区的风景变得丑陋不堪。佐藤 2016 年再次带我去饭馆村的时候，我发现以前很多景致如画的山谷都变成了堆放放射性垃圾的临时场地，以前种植水稻和蔬菜的梯田如今垃圾袋堆积成山。截至 2016 年年底，封锁区里面的放射性垃圾积压成堆，按照不同的计算方式，总量在 160 万~220 万立方米。

当我再次随同佐藤开车返回福岛县的时候，他很长时间都没说一句话。突然，他深吸了一口气说："我每次离开饭馆村时，都觉得如释重负。"他爱这座村庄，每个角落都可以找到孩提和青年时代的回忆，但如今他不再觉得这里是他的家乡。

福岛县共有大约30万居民，这里住着很多来自封锁区的难民。尽管这座城市也在核事故中遭到了辐射，但情况比起离核电站更近的周边地区要好很多。可以推测的是，遭遇核事故的难民已经习惯了这里的生活，尤其是因为他们还是继续居住在同一个县里。然而，即便多年以后，很多人还是对这里感觉陌生。

比方说，女书法教师泉田高子就有这种感受。2016年秋，我跟她在面向双叶町居民开放的一场活动中结识，而该地现已成为核电站遗迹的封锁区。泉田57岁，穿着体面，浑身上下散发着典型的日式优雅。一开始，我觉得自己没有理由同情她：她跟同为教师的丈夫达夫以及自己的老母亲一起，住在精心打理的自家房子里；"3·11"事件之后不久，全家人来到福岛县，很快就建起了这栋房子。我去她家拜访，坐在客厅里，可以望见小小的花园。泉田用绿茶和米

第二章 福岛：错失的机遇

制糕点招待了我。她家里不用为钱发愁，三个孩子都已长大成人。

不过泉田并不觉得幸福。她拿出一本相册，给我看一张日本传统庄园的照片，那庄园是她不得不遗留在双叶町的。她的祖辈是一支由医生和教师组成的氏族，两个多世纪以来一直住在那里。虽然庄园在地震中遭到破坏，但逃过了海啸的侵袭，因为房屋地基位于一片山丘后面，而山丘阻挡了海浪。在双叶町，泉田跟花甲之年的丈夫正准备退休，先生已经建成一个工艺爱好者作坊。但她的家现在位于封锁区之内，要想尽快回去是不可能的。泉田说："我是家族里第一个割断祖先传统的人。"

在倾听的时候，我不禁想起自己的母亲，她在第二次世界大战结束时从东普鲁士逃亡到其他地方，后来她经常讲起已经离开的故土，讲起她无限怀念的辽阔的波罗的海海滩。泉田说起太平洋的波涛，以及她在这个城市里想念的清新海风，当时她跟我母亲的语调差不多。她也感觉被迫离乡，就像是自己国家里的被驱逐者。

几天过后，在一个星期六，泉田夫妇带我去了他们遭到辐射的家乡。出发前，我们在超市里买了一些干粮，有米制糕点、饼干和饮料。原因是，泉田原来房子所在的区域既没有商店，也没有水电。

当她的先生达夫发动那辆银色的本田汽车时，我们本来看上去像是再正常不过的周末郊游者，但车里的气氛却是紧张的。我们驶过一些地区，部分已经开放给居民再度居住，但很多房屋一如既往空荡荡的，商店大门紧闭，加油站被弃置在一边，田野里野草丛生。达夫不得不一再停车，因为有蒙面的工人站立路旁，忙着清除受过污染的泥土和树木。在靠近双叶町的一条道路上，我们的盖格计数器突然开始发出吱吱声，提示那里的辐射值太高了。

泉田家的庄园位于双叶町的一个所受辐射相对较低的地带，那里虽然不允许居住，但可以自由进入。达夫打开了日式的木门，门后左边有一个贮存泥土和木头的传统仓库，仓库的地基虽然被地震摧毁了，但是其他部分几无损坏。我们登上邻近的一座山丘，在此盖格计数器马上显示出较高的数值。远处，福岛第一核电站核反应堆遗迹的尖顶高耸入眼，前面则是太平洋延展开来。直到核灾难发生，这里的地貌以稻田为主，如今都被疯长的芦苇掩盖，它们在阳光下闪耀着银色的光芒。

第二章 福岛：错失的机遇

四周听不到任何声响，除了风声。这里一派田园风光，但也给人阴森森的感觉。周围的大部分房屋都已被海啸摧毁，当时还有无数居民丧生。在废墟中，家具碎片、杯盘碗盏和个人家当散落一地。

"以前我几乎没注意过核电站，"泉田高子说，"对我而言，更重要的是双叶町的自然界、清新的空气。即便是在夏季，这里也不需要空调。"相反，在城市里常常闷热不堪，让人无法忍受。

我们不能久留，此地也只许白天逗留。告别的时候，泉田还仔细考察了一下她的玫瑰园。花园的某些地方被野猪踏坏。难民居住的封锁区大部分地带已经被动物占领。泉田一言不发地注视着花园里的植物。她看上去就好像是恨不得立即开工，铲除野草，把一切重新打理得井井有条。但接下来她转身回到车旁，上车。去故园的"郊游"，就这样结束了。

核能的重启

在核灾难达到顶点的日子里，日本就像瘫痪了一样。2011年3月，形势看起来就好像是再也不能回到从前那样，政治家、官员和各大公司上层的失败可谓再明显不过了。福岛事件是一场举国灾难，但也给日本提供了一个从上到下彻底革新的历史机遇，无论是在政治、经济还是科技领域。因为不光是福岛一座核电站发生了重大事故，日本的整个管理制度也彻底失败了。

然而，日本取得新生的机遇被耽搁了。可以肯定的是，核灾难以后掀起了大讨论，媒体界写了很多批判性的报道，司法界也开展了相关程序。在某些司法程序里，被迫撤离的居民拿到了政府和东电的赔偿，但发放给受害者的金额却远

第二章 福岛：错失的机遇

远不能补偿他们物质和精神上的损失。在事故已经过去七年多时，当年负责核电站的几位东电高层领导没有一位被追究刑事责任。"原子能村"的说法是，地震和海啸都是"无法预见"的。批评者自然不接受这一说法，他们认为早在2004年印度洋发生海啸以后，东电就已经在考虑为福岛第一核电站采取附加的防护措施。另外，当时已经发出警告，要提防地震时核反应堆建筑里氢气爆炸的可能。这在2011年果然发生了，可尽管如此，东电仍然疏于采取足够的防护措施。

面对福岛事件，德国安格拉·默克尔总理采取了退出核能的反应措施，与之不同的是，日本却坚持继续使用，"原子能村"还像以往那样强大无比，像章鱼一样雄踞全国。无数人员、机构和企业都仰仗核能：所在城镇依靠核电站驻地补贴的各位镇长、指望通过核能获得经济效益的供电商、类似东芝和日立的核技术生产商，还有建造新的核设备并维护旧设备的建筑公司等。

尽管如此，还是不该忽视以下事实：有一段短暂的时间，日本曾是世界上唯一一个完全可以不依靠核能运行的先进工业国家。截至高危事故发生，该国的50多个核反应堆差不多满足了1/3的用电需求；到2030年，日本政府还计划再修建14个新的核电站。但是在福岛事件的冲击之下，日本逐步关闭了所有还能运行的核反应堆——当然，那时候有些因为维护需要已经停止运行了。在再修建之前，政府计划首先对设备的安全性予以检查。

这时候大家突然发现，即使没有核能，日本社会也可以运行得无比正常。即便是在高温闷热的夏天，当私人住宅和办公大楼里的空调全速运行的时候，在不使用核电的情况下，日常生活还是可以继续进行，尽管免不了会受到一些干扰。作为核反应堆的替代物，供电商在老旧的传统发电站里采用燃烧煤炭或者天然气，让它们再度运转起来。还有炼钢厂等一批工厂，也从发电机里把多余的电输送给电网。之所以没有出现钢铁行业一再警告的停电现象，这要归功于日本无法效仿的纪律性：工厂把生产改到了夜晚和周末进行。在办公室里，职员争先恐后地调小空调的力度，或者降低照明的亮度。

这一切几乎让人觉得这个国家可以习惯没有核能的生活。但这一前景给供电商敲响了警钟，因为他们将遭受越来越大的损失。这不光发生在东电身上：因为核灾难的经济负担，这家福岛核电站的运营商面临破产压力，因此实际上已

第二章　福岛：错失的机遇

经国有化。其他供电企业也亏损严重：业已关闭的核反应堆导致了巨额费用的产生，用于正在进行的维护以及附加的安全措施。同时这些企业还不得不进口昂贵的石油和天然气，以便利用传统的发电站来发电。因为原料进口的增加，日本的外贸收支结果有时候降至负值。

"3·11"事件过后不到一年，日本政府就开动了核电站的重启。但政府从福岛事件吸取的一个重要教训就是，把核电的监管权从优先支持这一能源的经济、商务和工业部转移了出来。新的核监管机构在形式上是独立的。除此以外，2013年7月，进一步严格化的安全规定生效。在相关规定的基础上，核监管机构开始进行检测，确定核反应堆是否足够坚固，能否抗击地震、海啸和其他自然灾害。核监管机构的主席田中主日宣称日本的规定是"世界上最严格的"，这位身着鼠灰色外套的技术至上论者一直从事核研究工作，到2017年还在领导核监管机构。他对核电站发表了如下意见："我们只能判断它们是否合乎安全标准。至于它们是不是绝对安全，这一点我们无法论断。"

以上说法至少是诚实的，它有别于日本人几十年来被一直灌输的核宣传。看上去，田中对安全规定相当一丝不苟。

对福岛事件的政治、社会和伦理后果做出评判不是这位核监管机构最高领导的任务。同样，像日本这样经常会有火山爆发和地震发生的国家到底是否适合建造核电站，这一原则性问题也不是田中该管的。负责类似辩论的本该是政界人物，但他们大多回避了相关讨论。

与之相对的是，有一位政治家关注这场灾难并做出了相应改变，他就是在"3·11"事件时做出反应的时任首相菅直人。灾难发生后，他宣布日本计划逐步进入"没有核电站"的社会。这位物理学专业出身的首相，直到福岛事件发生都是核能的拥趸，这时候却从这场他必须巧妙引导日本渡过的生存危机中吸取教训。2015年，我在采访菅直人时问过他当时的体会，那会儿他还只是一名普通议员，在议会对面的一家简朴办公室里接待了我。"我们只是非常侥幸地逃脱了一场糟糕得多的灾难。"按照他的说法，在核反应堆事故期间，日本安全受到的威胁比公众那时候所知的严重得多。有时候他甚至考虑，让国民撤离首都东京。"问题在于，日本是否正在衰落。"他说。

在这期间，菅直人在德国和其他欧洲国家成了一名受人欢迎的演讲者、一位反对核能的主要证人。2016年春，我

第二章 福岛：错失的机遇

曾亲临汉堡，参加主题为"不在核能电的光照下阅读"的演讲活动，发现到场的菅直人几乎就像明星一样受人拥戴。与之相反的是，这位前首相在日本几乎再无影响力。他的姓名成为参政失败的代名词，很多日本人把混乱不堪的"3·11"事件危机管理归咎到他的身上。事实是，菅直人未能把官方力量聚齐到他这一边，不管是在危机达到顶峰之时还是在此以后。他的从政风格对于日本国情来说可能有点粗暴，因此树敌很多。手下的官员在可能之处阻挠他，有时也通过不作为的方式。灾难过后不到半年时间，被孤立的菅直人被迫下野。

就连菅直人自己的党派，即那时还在执政的民主党，也不支持他，对他的能源转向提议不以为然。作为对福岛事件的反应，尽管民主党尽力推动到 21 世纪 30 年代末实现"零核反应堆"的规划，但这涉及的只是一个模糊目标，同时也是因为民主党考虑到了电力工人这个群体的利益，毕竟他们是该党的重要支持者。

2012 年 6 月，菅直人的继任者野田佳彦发布指令，再度将福岛事件以来的头两个核反应堆投入运行。它们都属于日本海岸边大饭町的大饭核电站。但是过了一年多，也就是

2013年9月,因为常规维护工作的需要,这两个核反应堆又被关闭,于是,日本又一次没有核能电可以使用。日本国内缺少的,是对福岛事件教训的建设性对话。一方面存在"核电村",另一方面又有核反对者和福岛灾难受害者,这两派中间几乎没有发生任何沟通和联系。起初成千上万的人加入抗议核能的示威队伍,每个周五晚上在首相府门前活动,但接下来抗议就偃旗息鼓了。

根据民意调查结果,大部分日本人都反对重启那些已经关停的核电站。尽管"原子能村"忤逆民意而动,有可能让几个核反应堆重新运营,但几乎无法规划新设备的建造。为了保证核能长期的经济前景,新的开启原本是必要的:在福岛事故发生后,核反应堆的官方运行期限被限定为40年,而很多核反应堆差不多都达到了这一年限。虽然这一期限可以破例再延长20年,而政府也在执行这一举措,但这并非长远之计。

2012年12月,在众议院选举中,安倍晋三同他所在的具有保守主义倾向的自由民主党(以下简称"自民党")胜出,于是民主党成为在野党,此时日本能源政策转变的前景就黯淡下来。"让日本恢复秩序",这一口号对遭受福岛创伤折磨的选民来说颇为奏效。他们渴望新的开始。

不过,在能源政策上,新政府还是实施了一个倒退的转向:它首先强推核能。2018年夏,也就是福岛事件过去七年多以后,他们提交了一个框架计划,承诺到2030年首次赋予可再生能源"主要的电力来源"的使命。到那时候,新能源在能源混合体中所占的比例将达到22%~24%。只需跟德国对比一下,就可看出日本的计划多么缺少雄心壮志,甚至就是毫无生机——早在2017年,德国替代性能源所占的发电能源比例就已达到36%。同时,安倍政府还计划将核能所占供电所用能源的比例保持在20%~22%。尽管这比2011年高危事故发生前稍低,但光是为了消除这个目标差距,截至2030年,日本就必须重启30个核反应堆,这比直到2018年7月再度投入运行的核反应堆数目的三倍还要多。

在对土耳其、越南和印度的国事访问中,安倍首相都以最高级别的商务旅行者的身份示人,力主出口本国的核反应堆技术。只有当日本政府逼迫本国业已关闭的核电站重新开张时,安倍的外交行为才称得上是合乎逻辑的。慢慢地,田中主席领导下的核监管机构为核反应堆出具了运行批准书。不过一再都有延迟运行发生,时而是因为法规颁布了临时指令，时而是因为地方政客表示拒绝。最后，2015年8月和9月，核电村新开启了南部主岛九州范围内仙台核电站的两个核反应堆，由此实现了具有标志性的突破。

  为了调查当地情况，我来到了九州。一个周六，我在离九州最近的城市萨摩川内市下了火车。对这个只有9.6万人口以及迅速衰老的城市来说，它的火车站给我巨大无比的感觉。在过去的60年中，该城市的人口缩减了足有5万人，但跟双叶町相似的是，萨摩川内市也得到了政府拨给核电站驻地的特殊资助，进而大兴土木。城市的市政厅也因其宏伟气派令人眼前一亮。附近有一家文化馆，以及所谓赐福核能的信息中心。穿过几乎空无一人的街道，我来到了商业区。这里的商店鳞次栉比，很多都放下了卷门，明显是永久关张了。留下来的商家希望核能重新开启。"没有核电站，我们就不得不很快关门。"一个在服装店里等候顾客的老年女店主说。

  第二天早上，我坐车去旁观了核能反对者的示威活动。我登上了一列仅有一节车厢的当地火车，车内除我之外还坐着一对年轻夫妇。坐了几站后，我下了车，到处都不见人的踪影。我打电话订了一辆出租车，让司机把我送到示威现

第二章　福岛：错失的机遇

场。我下车的地方就是游行队伍的起点，它位于一片稻田中间。我下车的时候，甚至有一阵被错觉攫取，好像自己弄错了那场活动的具体信息一样。我看到的只有老年人，他们穿着风雪衣，戴着宽边软呢帽，看起来就好像是约好来参加徒步的郊游者。但他们举着写有类似"再见，核反应堆"标语的旗帜，那我来到这里就是没错了。

当我自我介绍我是一名德国记者时，示威者立即把我团团围住，就好像我是救世者一样。"你们德国人因为福岛事件退出了核能使用，为什么我们日本人做不到呢？"一位退休者这样问我。他叫有马吉野理，跟太太和孩子一起从隔壁乡镇赶来参加示威。夫妇俩希望能阻止仙台的核能重启。"我们这么做，是为了孙辈。"和子说道。为了防晒，她打了一把白色的遮阳伞，她在伞上用毡笔写下了"阻止重启"。她的纤手握着一张牌子，上面写着："停止核电站的重新开启！"

接下来，这支小型的抗议队伍开始走动。在不到一小时的时间里，我们跟在一辆绑着超大扩音器的汽车后面行走。"阻止重启！保护后代！"一位年长女士坐在汽车前面颇有节奏地呼喊，语气坚定，听起来像是一位老师。当我们经过一片住宅区时,她突然停止了叫喊,其他的示威者也沉默下来。毕竟我们是在日本,在这里即便是抗议也得有礼有节地进行,核能反对者不愿打扰到或者激怒当地人。

正当雨季,但太阳一再从云层间探出头来,毫不留情地炙烤着大地;空气潮湿而炎热。我们离核电站越近,道路就越发陡峭。我担心的是,这样的劳累老年人是否吃得消,但他们不辞辛劳地继续行进。在核电站大门口,他们受到了一支队伍的接待,那是一个军人团体。政府机关在栅栏和路障后面筑起了防御工事,就好像是要抵抗恐怖袭击一样。至于核电站,本来就是用高高的栅栏和铁丝网保护起来的。

示威者颇有纪律性地蹲在路旁,高举着手中的标语。有个人打开包拿出吉他,唱了首抗议之歌。当时的场景充盈着令人动容的平和,但也有无助。有几位老人从前是支持核能的,其中就有岩下胜治,他曾是位工程师,甚至还在仙台的核电站工作过。他向我描述了几十年前的个人经历,包括那时候如何为核电站涡轮机设备的电容器安装做出了贡献。在他看来,相关的技术设备眼下已经完全老化了。他说:"如果要将核反应堆再度投入使用,无异于强迫一位老者步行120千米。"

第二章 福岛：错失的机遇

示威活动结束后，我参观了核电站的信息亭。在核电站门口进行的抗议活动期间，亭子暂时关闭，安保人员告诉我是出于安全原因。但就在那些老年人撤离之后，我还不得不等了很长时间，直到亭子再度开放。我是唯一的参观者，穿着制服的接待人员鞠躬欢迎我。她们递给我圆珠笔和信息小册子，以及核电站运营商仙台电气的宣传材料。展览利用展示牌和视频，展示了核能是如何发挥作用的。这里特别强调指出了仙台此地采取的附加安全措施，可以视为对福岛灾难的反应。与福岛第一核电站发生故障的核反应堆不同的是，仙台的核电站在地震和海啸之后还在继续正常运行。为了保障供电，载重汽车上装了柴油发动机。同时还动用了掘土机，在地震之后清除废墟，为紧急任务用车驶入开辟道路。

但是很多当地人并不相信运营商的承诺。有名望的地震学家认为，仙台这个地方建造核电站风险太大，因为它位于由一个巨大火山口组成的鹿儿岛海湾之畔。火山口的边缘就是樱岛火山，日本最活跃的火山之一。在这个地区，经常发生地动山摇。2016 年 4 月，附近的熊本市发生了一次严重地震，100 多人殒命。那时候仙台的核电站还在继续运行：运营商发布消息说，没有发现什么异常现象。

日本政府坚定不移地推行核能政策。规划者在努力实现核燃料循环的举国梦想：按照计划，供本国核电站消耗的燃料要在本国再加工，而不是继续在法国或英国进行。政府计划让日本脱离能源进口，但核循环很早就被证明是一个幻想。为了从表面上实现这一循环，1993年以来，日本一直在主岛本州背部顶端的六所村建造再加工工厂。但是常规的运营不得不一再推迟，原因之一是需要采取额外的安全措施。

核循环的另外一个知名项目——快中子增殖反应堆"文殊"——已经失败。项目得名于佛教中的智慧之神，即文殊菩萨，他驯服了一头狮子，把它作为自己的坐骑。"文殊"位于日本海之畔一个名叫白木的渔村远郊。当"文殊"1995年投入运行之时，像德国这样的国家早就放弃了这一技术，因为价格太高，而且风险太大。但日本的规划者对"文殊"大唱赞歌，认为它是这个原料贫乏之国的"理想核反应堆"。"文殊"靠钚铀氧化物混合燃料运行，在这一方式下，核反应堆不光要利用传统核能发电站使用铀燃料时积压的钚，还要像"孵化"一样产出新的钚，并把它转化成电。

理论描述就到此为止。"文殊"运营仅4个月后，设备内部就出现了故障。作为《明镜》周刊驻日记者，我报道过

第二章 福岛：错失的机遇

日本的多起严重核事故，这是第一起。我开车去白木，绕道沿着海岸行驶。在有着金黄沙滩、曾经风景如画的海湾，修建了很多核电站，令人触目惊心。因为此地远离大阪和京都等人口稠密的城市，只有很少人居住，几乎无法期望听到针对"原子能村"的反对之声。核反应堆设备被唤作大井、美滨或者敦贺，这里的核电站太多，全国大约1/4的核反应堆都驻扎在此，以至于日本国民按照举世闻名的商业区"东京银座"的叫法，把这个地区称作"核反应堆银座"。

"文殊"位于海边。为了给核电站腾出位置，部分山体都被运走。我没有提前预约，尽管如此，该核电站的负责人还是接待了我；他大感惊奇的是，一个外国人会来到这里。他向我保证说，一切都在掌控之中。我也没有期待听到与此不同的答复。

接着，我考察了毗邻的渔村白木。年轻人早就搬走了，我遇到的老年人中，大多数对"文殊"流露出喜悦之情。在执行资助政策的过程中，他们的房屋安装了下水排放系统。"以前我们把自己的排泄物用作萝卜地的肥料。"一位老太太推着自己的助步车，这样告诉我。有座桥通往当地的神道教寺庙，也得到了修缮。据说，每个月文殊运营公司都会给神像供奉两瓶清酒。运营商也会在此给设备安全祈福。

祈祷并没有得到回应。因为"文殊"制冷系统的管道出现故障，数吨的钠发生泄漏。由此看来，这一技术的高风险也是显而易见的：快中子增殖反应堆并非像传统核反应堆那样使用水作为冷却剂，所用的也是高爆炸性的钠。我曾在发表于《明镜》周刊的报道里写过："'文殊'陷入了漫长的冬眠。"让我无法理解的是，发生故障后的被迫暂停会持续14年之久：直到2010年5月，设备才又开启试运行。但其后又一再发生严重故障、粗心失误和骇人听闻的掩饰行动。2012年，媒体披露，在将近1万起情况下，"文殊"的运营商没有采取必需的安全检查措施。2015年，核监管机构吊销了"文殊"的运营许可证。该机构要求为此负责的科教部寻找一家新的运营商，但没有找到。2016年年底，政府做出决议，放弃"文殊"，报废设备。

"文殊"的设备总共只运行了250天，费用超过一兆日元（差不多80亿欧元）。为了进行报废和垃圾清除，预计又要花费3750亿日元（差不多30亿欧元），以及30年的光阴。跟福岛第一核电站类似的是，在"文殊"案例中也没人出面承担失败的责任。政府更多的是坚持自己的目标，致力

第二章 福岛：错失的机遇

于实现核燃料循环。作为出现故障的增殖反应堆的替代品，政府现在瞄准的是开发所谓的快速核反应器。跟"文殊"不同的是，这样的设备尽管不会产出新的钚，但也得使用核燃料进行驱动。

尽管核循环的技术障碍如此之高，越来越少的专家预计这一点可以实现，但为什么日本如此执拗地支持呢？这一问题很容易理解。原因之一在于集体性的否认事实，这一文化昭然若揭。本着和为贵的考虑，日本人害怕清楚地披露长期以来显而易见的问题。他们宁愿让问题处于模糊状态，并且提供了极为丰富的、表达大概和模棱两可的措辞。

同时还存在外交和安全政策上的原因，让日本不能简单地宣布退出核能使用，即便它很想这样做。该国与美国之间签有核能合约，这一协定让日本可以作为唯一的非核大国来贮藏钚。2016 年底，日本国内已经储存了近乎 47 吨的钚，都是因为国内核电站的运营而积压起来的。这么多的钚材料，已经足够建造好几千个在长崎投下的原子弹了。要贮藏这么多的钚，是个棘手的政治任务。虽然核电站运营产生的钚不能直接用于建造核武器，但是相关技术障碍对于日本这样一个高科技国家来说完全可以克服。直到今天，这个国家一再引起国际社会的怀疑，让人觉得它之所以固执地坚持使用核能，是因为想要保留自己对核武器的选择权。也正因如此，引起了国际社会的关注。一是针对日本努力实现的核循环，二是针对用和平方式减少日本钚储备的理论可能性。

类似"文殊"那样的事故，在很多其他国家可能早就已经引起抗议了，但日本的核反对者无法掀起一场举国范围内的运动。地方上的抗议者经常是为自己而战，有时候他们过得极不舒心。其中之一是笹口高明，他是新潟北部牧野镇的镇长。当我在1999年年底的一个大冷天去拜访他时，他正尝试着在办公室里用一个小小的煤气炉来将就取暖。乡政府大楼的暖气装备坏掉了，笹口说："地方议会里反对我的人拒绝出钱修理。"利用这一方式，那些反对者就可以报之前的"一箭之仇"：三年前，作为乡镇领导，他成功地贯彻了反对修建一家计划内核电站的市民决定。尽管当时的投票没有约束力，但这位镇长施展了一点技巧，成功阻止了那个核反应堆项目：那片计划在上面修建核电站的公共地皮，被卖给了跟他持有相同政见的人。为了修建核电站，运营公司就不得不跟单个土地占有者处理复杂的法律争端，这对运营商来说成本太高，于是修建核反应堆的事未能成功。

第二章 福岛：错失的机遇

在我去拜访笹口几周前，即1999年9月20日，日本发生过一场核事故，所以镇长感觉自己对核电站的抵抗得以正名。这是日本截至当时最严重的核事故。在东京东北部东海村的铀加工厂，由于缺乏专业培训，两名工人操作工序有误，发生了核裂变反应。事故导致400多名工人、助手和居民受到伽马和中子射线的辐射。30多万居民暂时不得离开家门。电视里播放着好像来自科幻电影里的画面。像后来福岛县发生的那样，身着白色防护服的蒙面工作人员把整个村庄封锁起来。

那时候我跟家人住在横滨。整个晚上，我们都在认真考虑要不要登上新干线火车，往南部方向奔逃。东海村距离横滨仅3小时车程的距离；被辐射过的云朵朝着我们这个方向移动，这样的危险看上去是真实存在的。可是我们的日本邻居们继续过着日常生活，就好像什么都没发生一样。最后我们也留了下来，所幸后面什么也没发生。

相反，东海村的居民继续担惊受怕。好几个月之久，日本国内都在跟踪铀加工厂里两名工人痛苦万分地垂死挣扎的消息，他俩一个叫大内久，一个叫筱原理人，都遭受了程度极高的辐射。所受折磨最严重的是大内，在短短几分钟内，他遭受的辐射就是人一生中正常情况下所受到的近 8000 倍。两年后，我采访了当时给那两位工人提供服务的医疗团队负责人，他叫前川和彦。那时他刚进入花甲之年，在东京领导一家核安全研究所。前川是一位有经验的事故治疗医师，但是像遭受辐射的大内那样毫无希望的病例从没见过。"我们试了所有方法，"他说，"那是一场我们无法取胜的战斗。"据他讲述，当他把那位重伤者的脑细胞拿到显微镜下研究的时候，简直不敢相信自己的眼睛：那些在健康人体内像教科书里所讲的整齐排列的染色体，在大内体内完全是一片杂乱无章。它们看上去就好像是被切碎了，然后又互相杂糅在一起。

日本与核能爱恨交织

　　福岛核灾难之后，世界朝日本投去疑惑不解的目光：为什么偏偏是这个有着广岛和长崎这两座遭受过核攻击的城市的国家，如此毫无保留地走上了核能之路？又是什么原因让这个国家甚至到现在都拒绝退出这一充满争议的科技领域？

　　日本经常提醒国际社会注意，它曾是核攻击目标的"唯一国家"。这是有道理的。很多历史学家认为，1945年8月6日和8月9日，美国分别对广岛和长崎投掷原子弹，这是一场没有战略意义的残酷实验。因为在战争尾声，日本这个岛国与它亚洲其余管辖地之间的通道已经被大面积切断，即使不投掷原子弹，日本的战败其实也是板上钉钉之事。使用这一新型大规模毁灭武器，带来了众多人员死亡、国土摧毁的惨痛经历，这也解释了很多日本人直到今天还倾向于把日本视为第二次世界大战受害国而不是战争同谋犯的原因。

然而，1945年以后，广岛和长崎的幸存者及其命运迅速被人遗忘：在美国占领统治期间，他们中的很多人被用作实验病人，其医疗数据被一丝不苟地提取和分析。有关核灾难及其后果的公开讨论，却被美国监管当局大肆镇压。此外，当时的日本主要忙于重建自己被战争摧毁的家园。

广岛和长崎沦落成为单纯的隐喻。甚至每年8月在两地举行的纪念活动也只是流于形式。2014年，当时的首相安倍晋三在广岛发表了一段单调乏味的讲话，一字一句差不多都跟他前一年讲过的相同。之后，恰恰是一位美国人让广岛得到了它应有的关注：2016年5月，巴拉克·奥巴马访问了广岛的和平纪念公园，并在那里发表了值得历史记载的演讲，成为首位访问这座在第二次世界大战期间遭到美国原子弹轰炸的日本城市的美国在任总统。尽管他没有为核犯罪道歉，但做了一个给人留下深刻印象的手势，并拥抱了辐射受害者的代表。

相反的是，广岛和长崎的幸存者经常感觉被自己的政府遗忘。2017年9月，120多个国家签署了禁止核武器的联

第二章 福岛：错失的机遇

合国公约，但日本没有参加。尽管包括德国在内的北约国家也都没有签署，但日本的不签字就给该国的复杂局势又投射了一道特别刺眼的光芒：军事上该国受到美国的核庇护，道义上却经常回顾广岛和长崎的遭遇。无论如何，核辐射受害者原本希望的是自己的国家带头支持一个不使用核武器的世界。

辐射受害者长期生活在社会的阴影之下，没人愿意与他们结婚。"歧视一直在影响我们的生活。"一位名叫桥爪文的女性幸存者这么说。在 2015 年灾难 70 周年纪念日的那天，我跟她约好了在广岛见面。她说，原子弹投向她所在城市的时候，她 14 岁，那一刻正在协助市里做信件管理工作。她向我描述原子弹爆炸的后果，谈及那些震慑人心的细节：遇难者的脸庞被烧成暗红色，皮肤成片成片地从身上脱落。"当时我的感觉是，好像太阳从天上坠落了下来。"她说。战争结束后，桥爪搬到了东京，结婚生子。她遭受多种病痛的折磨，其中就有癌症，而病因在她看来就来自当年的原子弹。此外，她也得不到周围人的理解，为此痛苦不堪。她说："我的丈夫担心孩子们可能会被人看作辐射受害者的后代。"

战争结束以后，差不多过了十年，广岛和长崎才再次成为日本密切关注的对象。1954年3月1日，美国在太平洋里的比基尼环礁进行了"布拉沃"氢弹的试验。落到广袤周边地区里的淡白色"死亡灰烬"，也击中了一艘载有23人的日本拖网渔船"福龙5号"，船上的渔民对核试验一无所知，他们只是偶尔在该地区停留，捕捞金枪鱼。因为辐射造成的后果，渔船的报务员在半年后撒手人寰。

另一名渔夫尾石又七在这场核试验中幸存了下来。2015年，他在东京的寓所里接待了我。他已经80多岁，深受中风后果的折磨，讲起话来含混不清，但是他清楚地记得灰烬散落到他及其队友身上的那一天。那时候，他以冷冻工人的身份在渔船上工作。经历过被辐射的打鱼工作以后，渔夫们在东京西南部的家乡港口烧津上岸，这时候大家一下子变得异常激动起来：从他们身上可以清楚地看到辐射的后果，皮肤裂开灼伤。尾石本人自然不例外，他的眼睛发痒，手关节、脚踝和臀部都起了泡。后来，他大把大把地掉头发。

导弹试验以后，渔民在渔船上继续工作。"我们听说过广岛灾难，"尾石说，"但我们对辐射的危害一无所知。"后来，日本当局断定捕到的鱼中含有高辐射值，一时间慌乱爆

第二章 福岛：错失的机遇

发，在广岛和长崎灾难之后被长时间遏制的核辩论，突然就开始了。全日本的家庭主妇都不再买鱼。此外让日本国民愤怒的是，这一次又是本国同胞被置于美国的核试验之下，即使并非有意而为。在东京，杉并区的议会发出呼吁，号召禁止氢弹。截至1955年8月，有300万日本人在号召令上签名。在广岛和长崎，举行了反对氢弹的国际抗议活动。当时打出了"不要再出现广岛灾难"这样的口号，它发展成为世界范围内反核运动的战斗呼声。

然而，遭受辐射的渔民的命运很快被人再次遗忘。尾石在东京隐姓埋名，开了一家洗衣店。他认识后来的妻子时，起先对她隐瞒了自己的遭遇。他别无选择。"政府和媒体有意对我们的生存缄口不提，"他说，"我们就像麻风病人一样被人避之不及。"直到后来，尾石才敢走到公众面前，发表演讲，并写书回忆"福龙5号"的沉重命运。

日本当局没有兴趣激发国民的"核敏感"。自从20世纪50年代的经济再度飞跃以来，政府更多地表现出建立本国核工业的抱负。为此，就必须让核舆论向积极的方向发展。"坏的核弹，好的核能"，这大概就是日本国民后来接受集体洗脑的基调。

115

早在1954年，日本议会就发布了开发核能源的第一笔预算。该倡议来自一位保守的年轻议员，他叫中曾根康弘，曾于1982—1987年出任日本首相，在他还是一名年轻的海军军官时，曾见证过广岛上空的核弹蘑菇云。"那一刻我感觉到，下一个时代将会是核能时代。"他在20世纪60年代写道。他最重要的同盟者是媒体企业家正力松太郎，他后来成为核监管机构的领导人。在追赶美国的经济发展进程中，这两位人物想让日本尽可能地脱离原料进口。他们的计划是，日本在紧急情况下可以自行研制美国曾经用来打败自己的武器。

当时的形势对核能支持者是有利的。在冷战进程中，美国表示允许在这期间与之结盟的日本和平使用核能。1953年，美国总统德怀特·戴维·艾森豪威尔向联合国发布了"原子能为和平服务"的口号。在这场宣传活动中，民主党的国会议员薛尼·耶茨发挥了重要作用，他主张，为了治愈日本人的"核歇斯底里"，可将第一家日本核电站建在广岛。

从今天的视角来看，这个建议恰恰给人以嘲弄之感，肯定不可能实现。但不管如何，在美国中央情报局的资助下，1955年还是在日本举办了一场和平使用核能的巡回展览。在

第二章 福岛：错失的机遇

这之后，日本核能经济部门大肆采取宣传举措，继续进行思想改造工作。为此相关部门设计了长相类似"冥王星"的动画吉祥物，对日本的年青一代宣扬所谓的核能福利。

日本的第一家核电站于1966年在东海村投入运行。政府强调了核计划的和平性质。1969年，首相佐藤荣作宣布了所谓"无核三原则"，据此，日本恪守义务，既不生产也不使用核武器，也不允许它进入国内。但就在同一年，日本跟当时美国总统理查德·尼克松领导的政府签署了一项秘密协定，其内容到了1994年方才为人所知，协定同意美国这个保护国向日本输送核武器，并在该国储存。

1970年，日本加入了《不扩散核武器条约》。在这期间，该国政客的表现一再让人怀疑，日本之所以如此强烈地寄希望于核能，是因为想要保留自己对核武器的选择权。后来当选首相的安倍晋三，2002年就曾在一篇杂志文章里发表意见，声称在可能情况下拥有原子弹对于日本来说不是问题。

只要日本可以仰仗美国的核保护伞，拥有核武器的问题就只是停留在理论层面。但是，围绕朝鲜及其核计划的冲突在日本再度引发了辩论，在邻近的韩国同样如此。此外，作为同盟国的美国，其可靠性也陷入了质疑。在2016年的美国总统选举中，后来当选为总统的唐纳德·特朗普就坦率表达了以下可能性：假如美国无法更加长久地帮助其盟国防御朝鲜和中国，那么日本和韩国有朝一日就必须用核武器武装自身。

然而，要说服本国人民支持核武器装备，这对于日本政府来说可能比较困难。大多数日本人都是和平主义者，且核创伤深入人心，即便是在核能繁荣的时期，创伤记忆仍然历历在目。其中一位很早就清楚表达了核恐惧的人，是1910—1998年在世的日本电影一代宗师、导演黑泽明，他于1995年导演的电影《活人的记录》里讲述了一个老年男性的故事，主人公是一家小型铸造厂的企业主，因为害怕核灾难，他计划卖掉企业，跟家人一起移居巴西。但家人不理解他的打算，想通过法院决议将老人判定为精神病患者，把他送进精神病院。影片结尾，去医院拜访那位企业主的法律顾问与负责医生之间展开了一场对话，医生问："我们在这样一个时代还能保持理智，到底是我们疯了，还是那个病人疯了？"

在今天看来，黑泽明于1990年导演的电影《梦》也像

第二章 福岛：错失的机遇

是福岛灾难的先声或者预言。它由多个片段组成，其中一个就叫"红色富士山"，在这一片段里，神圣的富士山爆炸了，灼热发红的火山后面，核反应堆一个接一个地飞到空中，人们陷入恐慌，为了躲避辐射而逃亡到太平洋海岸，但在那里他们也只有绝望地跳入大海这么一条出路。

被拖延的能源转向

　　福岛灾难发生之后，日本境内的所有核反应堆随即都被关闭，此时很多年长的日本人都会回想起20世纪70年代初的石油危机。那个时候，即便是依赖原料进口的工业国家，也面临着节约能源的挑战。通过更加有效地利用现有载能体，比如石油和煤炭，日本成功地应对了这一挑战。同时该国还在研究替代性能源，比方说太阳能、风力能和波浪能等。有一段时期，日本在能源利用方面领先世界。

　　福岛灾难后，日本研究人员再次预感到了推进本国工业现代化的机会。堤敦司是这方面的策划人之一，他是工业技术专业的教授。福岛灾难发生一年之后，我在他的隶属于东京大学的研究所里拜访了他。"我们不再需要能源，"他解

第二章 福岛：错失的机遇

释说，"我们要做的只是更好地利用现有能源。"这位教授摊开各种图标，解释他开发出来的一种新型技术，在它的帮助下，乙醇生产时积聚起来的热量就可以被完全回收并重新利用。最终来说，这一发明遵循的是"改善"的哲学，即生产流程的不断完善；它最初由汽车生产商丰田开发出来。尽管如此，堤敦司并不乐观：为了让工业界能够开发出节约能源的生产形式，就必须依赖政府宏伟目标的设立，以及经济上的刺激。他说："日本需要一个理想。"

而这样一个理想的出现，日本的谋划者要等待很久。池上康之，一位海洋能源专家，就是挫败者之一。他曾带领我参观他位于日本西南部佐贺县的研究中心。福岛灾难过后不久，他突然就成了一个广受欢迎的人。因为日本这个岛国意识到，它坐拥世界上一片极大的海域。"用波浪和潮汐来发电的必要技术已经具备，"池上说，"我们只需把这一技术利用起来。"但是缺少相应的海洋实验场所，无论在哪里，当地的渔民都反对建立新型发电站的样站。

不过也出现了鼓舞人心的开端：在西南部的口之岛，日本于2017年进行了潮汐技术的试验。据日本媒体报道，理论上，该国可以利用波浪和潮汐生产的电量，相当于整整

230个核反应堆的产量。只是有一点，长期以来，相关技术的推进并没有得到像重启核电站那样大的政治支持力度。

对太阳能、风能和地热能的使用也遭遇了重重阻碍，尽管日本在相关技术方面曾领先世界。福岛危机之后，太阳能发电站的建造兴盛一时，不过这股风潮也只持续了很短的时间：仅在2013年，日本就新建了总功率为6.9千兆瓦的太阳能发电站，大概是当时德国太阳能发电站总数的两倍。日本政府以德国为榜样，发布了旨在长远保证生产厂商稳定购买价格的用电供应法案，以此来推广可再生能源。该法案是前首相菅直人在卸任前所嘱托的，他在"3·11"事件危机管理中的表现令民众并不满意，辞职前就以该法案的颁布作为补偿行动。这可算作日本能源政策新转向的最重要标志。

对太阳能发电的推广也吸引了来自德国的投资者。2014年，我在位于东京政府机关区域的一家酒店里与彼得·格斯特曼会面，他是柏林一家太阳能项目开发公司（光伏开发商）的总裁。他的倡议在日本民众中大受欢迎。"我们德国人比他们领先十年。"他说。他向我讲述了他那个雄心勃勃的日本项目：在隶属于地处西南的长崎县的宇久岛，他计划建造一家巨大的太阳能发电站，把它与电网通过一根

第二章　福岛：错失的机遇

60千米长的海底电缆连接起来。按照计划，这个太阳能电站要覆盖整个岛屿的1/4。该项目得到了当地政府机构的支持，官员们希望借此让这座结构疲软、过度老龄化的岛屿焕发生机。此地先前住有1万多名居民，现在已经下降到只有原来1/5的数量。

　　2018年春，当我再次向格斯特曼询问他的项目进展时，日本的太阳能热潮早已成为过去。据东京商工数据库的调查，仅在2016年，日本就有65家光伏领域的企业破产。日本政府渐渐控制了供电价格。借此方式，政府计划一方面对太阳能发电站的兴建实施调控，防止它们像德国以前那样因为不受控制而失败。另一方面，很多光伏企业不得不面对以下遭遇：本地的供电商拒绝把太阳能电输入其电网，并予以切断。供电商依据的是旨在保护其电网免于超负荷运转的例外规定。实际情况是视区域而定，这些供电商恰好给核能发电腾出了巨大的生产能力，尽管那时候几乎没有核电再次输入。直到过了很久以后，为此负责的监管部门才催促电力垄断者开放他们的电网。尽管如此，由格斯特曼推进、计划在宇久岛上修建的太阳能项目，看上去跟原来一样前景大好，并计划于2018年年底动工。

下一步，投资者瞄准的是风能。在这一领域，日本也落在德国这样的国家后面。2017年3月底，风能仅占日本发电所用能源的0.5%。风轮建造进展得不够快，多山地的日本也缺乏合适的建造地区。在德国，风轮也可以建造在浅滩之上，与此不同的是，日本海岸的地面常常比较陡。因此，在福岛海岸前方，生产商就把风轮固定在浮游的钢制平台上，用它们来做试验。

地热能开发则进展得更为缓慢，尽管日本有着天时地利的条件。日本是个火山和温泉之国，地热资源贮存量位居美国和印度尼西亚之后的世界第三，可资利用的潜在蕴藏总量估计为33千兆瓦，这已能满足本国1/7的用电需求。就技术而言，日本也有能力从地下深处开采这一能源：类似三菱重工这样的设备建造商占据了地热涡轮机一半以上的全球市场。但在日本国内，这个巨大的能源潜力几乎没有被利用起来，2013年，地热发电量只占所有电量的0.25%。在日本，地热蕴藏常常位于受到保护的国家公园里面，或者是在旅游者的温泉疗养地。尽管政府在福岛事故发生一年后放宽了对地热发电站的限制，但很多乡镇居民仍然继续抗议相关项目，因为他们担心可能会引发温泉断流从而断绝了旅游收入。

为福岛服务的垃圾场

　　日本与核能以一种悲剧的方式紧密相连。即使有朝一日这个国家不再有核反应堆运行，要克服福岛灾难的后果也还需要很长时间。这首先体现在双叶町的昔日居民身上。在那个遭到辐射的地方，福岛第一核电站的废墟兀自耸立。那些居民还将继续饱受失去故园的折磨，尽管他们大多已在封锁区之外过上了新的生活。

　　陪伴我参观双叶町的官员桥本也不例外。他也早就在封锁区之外自建了一栋房子，孩子们在那里上学。但他说："双叶町绝对不能被人遗忘。"他表示，他生长的那个地方必须保留下来，他把这一点视为己任。即使他自己再也不会在那里居住，但完全抛弃双叶町的念头让他无法忍受。

桥本恪守双叶町管理部门的长期计划：至少一部分先前的居民有一天会重返双叶町，有些到原地定居，另外一些会时不时地回去看看。在位于封锁区以外的临时政府大楼里，桥本及其同事坚定不移地继续规划着他们被辐射家园的未来。这一点让我惊奇不已，因为在那个遭受辐射的地方充斥着让人灰心丧气的现实。但桥本信心满满：只有在双叶町以某种方式继续存在的情况下，背井离乡的居民才能继续引起日本政府的关注。

对于每一个打算某个时候回到双叶町的市民，当地政府都会采取防范措施，让人把空荡荡的火车站周围所受辐射相对较小的地带消毒一番。当地政府计划在那个地带圈出一座密集化的小型城市，就像是残存的双叶町一样，连带房屋、公寓楼盘和商店。但归乡人靠什么过活、到哪里去工作呢？为此政府官员也做了相应规划：他们希望让公司进驻双叶町，让它们从事核反应堆废墟的维护和清理工作，并从中盈利，以便数十年后还能为当地提供就业机会。桥本对核电站的运营商东电寄予期望，希望该公司在双叶町建立一个攻克核反应堆灾难的长期运营中心，借此方式，东电就可以为降至双叶町的灾难做出补偿。

第二章 福岛：错失的机遇

该计划反映了被辐射地区的整个悲剧：即便到了现在，核工业受害者也无法想象，假如没有东电，他们的未来会是什么样子。这家由供电商运营的核电站先是在经济上掌控了他们的家园，最后又摧毁了它。

与此同时，日本政府正在为双叶町推行另一个未来规划。政府计划在那里建造一个临时仓库，用来存放福岛地区堆积起来的大量辐射性垃圾：所有那些装满了被辐射污染的土壤和树丛的黑色袋子，它们就那样堆在路边和山脚下，让人对灾难刻骨铭心。垃圾堆放场的占地面积估计为16平方千米，1/3的部分都计划安排在双叶町，剩余部分在邻近村镇大隈，后者也是一座遭到严重辐射的幽灵之城。

按照计划，垃圾会在这片堆积场上堆放30年。但是估计就这么永远堆在那儿了，不然的话还能运到哪里去呢？哪些地方会表态同意接收那些垃圾呢？日本甚至还没有一座集中的终端仓库，可以用来存放核电站常规运营而堆积起来的核辐射垃圾。迄今也没有任何地方自愿承担接收这些垃圾的任务。

长期以来，双叶町流民中的大多数人都抗拒过核辐射垃圾堆放场的规划。为了在此地建设垃圾场，大片土地都要夷平，成百上千的住宅和厂房将会被拆除。很多流民觉得，他们的家园要变成一个堆积核辐射垃圾的仓库，这一点在他们看来，可算作是附加的屈辱。很多人拒不出售自己的地皮，哪怕它们也几乎没有别的用途。桥本对市民们的抗拒表示理解。这首先是个感情上的问题，他说："不是在此地长大的人，没法理解。"接着他就向我讲述了每年在双叶町庆祝的传统节日，那些节庆也给他的童年打上了印迹。他还讲到曾经在那里度过的夏天，讲到他如何跟朋友们在夏日的海滩玩乐以及到太平洋里游泳。居民们担心，随着地皮的出卖，也就失去了他们的美好回忆。

当我们讨论那个垃圾堆放地项目的时候，只有少数昔日的居民同意卖出自己的地皮，其中就有桥本。"迈出这一步对我来说也很困难。"他说虽然无论如何都想为后代保留双叶町，但他也知道，对自己和家人来说，这个遭受辐射的地方不会再有任何未来。

"欢迎回家。"桥本在某个傍晚把汽车停在双叶町已经废弃的自家房子前面时，这样说道。他试着用一种揶揄的语调，但他的脸上挂着深切的悲伤。我请求他指给我看一看他曾经住过的地方，他再次把将要成为垃圾堆积场的房屋大门

第二章 福岛：错失的机遇

打开。那房子看起来很是现代化，差不多跟新的一样。房子有个庭前花园，还有一个停车位。大门前靠着他两个孩子的自行车，就好像他们刚刚骑过一样。走进房子里面，可以看到客厅的桌子上放着一台时尚的白色笔记本电脑，那是他太太的。但她再也不想要这台电脑了，桥本说。冰箱里存放的食品正在腐烂。

桥本在这个房子里住了四年，直到核灾难爆发。从那以后，除了福岛第一核电站所在地，日本其他地方居民的生活还在继续，毕竟大多数日本人还有其他的烦忧。但是被辐射过的双叶町一直被迫保持着对"3·11"事件的回忆。桥本锁上了房门，这里再也无人居住，很快就会被拆除。接着我们上了车，起程出发。我们开过路障，将那个被辐射过的地方抛在身后。

第三章
回溯：国富兵强

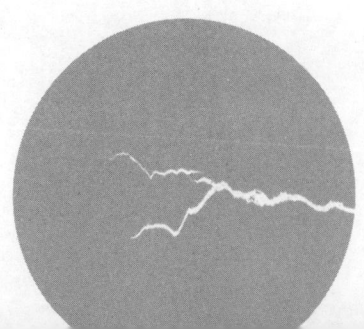

追赶者的思想意识

起初,人类并不是从天堂里面被赶出来,而是从一座悬浮的天桥上面。桥上站着一对神仙夫妇,伊弉诺及其夫人伊弉冉。两人俯视着身下的蓝色大海。他们把手中的宝石长矛插入洪水之中,又重新拔出,长矛的尖端落下水滴,后来凝结成土地。接着,夫妇俩从桥上走到空中,看了看他们的创举。他们生育的孩子坠地成为各个岛屿,构成了日本这个岛国。天照大神也诞生了,她就是太阳女神。据说,从她的后裔中走出了这个国家的统领——日本皇朝的肇始跟太阳女神密切相关,而世界则是她的臣仆。

由此就开始了神道教的创世历史。它有助于帮助我们理解,为什么日本人直到今天还总是认为自己是独一无二的,为什么他们时常把世界其他地方看作是由边缘人组成的国家。这一创世史以编年史的形式流传下来，是8世纪的日本统治者派人记录的。按照中国文化的示范，日本皇帝被冠以"大皇"的称号。在以后的岁月里，日本的建国神话长久被人遗忘。该国被封建割据战争弄得四分五裂，直到17世纪，强大有力的德川家族才成功地征服了地方诸侯，统一了整个帝国。作为军事统领的将军，德川继续统治江户，即今天的东京。

相反的是，天皇继续隐居在位于日本西部京都的皇宫里，他们扮演的仅仅是最高祭司的仪式性角色，此乃本国自然宗教，是"众神之道"。日本曾是个等级森严的封建社会，位于顶层的是武士特权阶层，其下是农民和手工业者，底层的是商人。与生俱来的社会地位比地产或者金钱更为重要。每个人都在这个封闭社会里占据着属于自己的地盘，没有官方批准，下等人士禁止搬迁。

不过，将日常生活中的日本人凝聚起来的，并非国家权力，更多的是该国不利的自然条件。它迫使国民互相妥协。这个多山逼仄的岛国，经常遭受地震、海啸和台风的侵袭，所以国人只有互助这么一条出路。如果种植水稻的农民想要

第三章 回溯：国富兵强

引水灌溉山腰上的梯田，就得避免与住在上方的左邻右舍发生争端，否则乡邻可能会切断水流。融洽和谐、礼节规则、集体关照，所有这些准则直到今天还使日本与西方社会区别开来，限制了作为个体的日本人在自由空间里的发展。但是在危机时期，团结一致常常又被证明是集体优势。

从 1639 年起，德川家族对日本实行了长达 250 年的闭关锁国政策。德川采取这一举措，目的是切断其国内对手购入西方军火的道路，保护帝国不受葡萄牙传教士引入的西方基督教影响。作为沟通世界其他地方的要道，德川开放了长崎前端的一座人工小岛出岛，从那里出发，荷兰商人被允许开展受到严格控制的商贸。跟信奉天主教的葡萄牙人不同的是，日本人并不怀疑信奉基督教的荷兰人，因为他们自己也想皈依基督教。

从 19 世纪中期开始，有关日本人独特性的传世神话突然再次被人利用，其目的是从道义上武装该国，以便抗击外来危险：1853 年夏，在马修·派瑞的率领下，一艘名为"黑船"的美国巡洋舰驶入东京湾。马修·派瑞以武力胁迫，要求日本开放通商。一年后，德川将军同意签订不平等的通商和关税条约，起先是跟美国，后来也跟众多欧洲列强。

由此将军失去了自身的威信，其掷地有声的官方称号"驱除野蛮人的最高统帅"，听上去也就瓮声瓮气了。日本遭到船坚炮利的西方国家的羞辱，意识到了自己在技术和军事上的落后。日本西南部强大有力的家族向来对中央政府怀有反叛之心，于是利用了这次危机：他们发出"效忠天皇，驱逐蛮人"的战斗口号，推翻了幕府将军的统治。在明治维新的进程中，掌权的家族把年仅 15 岁的明治天皇扶上御座，让他行使神授的世袭君权。他们让天皇从京都搬迁至江户，并把城市改名为"东京"，字面意思是"东方的首都"。

日本的新兴掌权者大多都是受过教育的年轻武士，他们认识到，只有敢于效仿西方实行改革，才能维护所在阶层的特权和天皇帝国的独立。这一实用主义策略将日本武士与邻国中国的封建统治者区别开来，后者在西方"野蛮人"打开国门之后还长期抵抗外来影响。

为了将日本推入现代化进程，明治统治者展开了一场举国上下的追赶运动。像那些同样经常实行拿来主义的先祖一样，他们的行动方式也颇为灵活：从 6 世纪开始，本国一部分宫廷贵族改为信奉从印度经由中国和朝鲜传到本国的佛

第三章 回溯：国富兵强

教。日本从中国借鉴了文字体系和管理制度的元素。后来，佛教僧人从中国大陆给该国带去了新儒家的国家哲学，相关理念有序规整了各种社会关系：君主与臣仆之间，父母与子女之间。跟朝鲜等邻国不同的是，日本没有向当时强大的中国进贡，它更多的是与中华帝国保持距离，不把自己视为中国定义的世界等级秩序中的属国。

开放以后，日本主要向当时欧洲一路赶超的集权国家普鲁士看齐。在普鲁士的领导下，德国人在1871年的普法战争中胜出，在凡尔赛宫将威廉一世加冕为皇帝。1873年3月，帝国首相奥托·冯·俾斯麦接待了一个由日本政要组成的代表团，给他们上了有关欧洲权力政治的一课。他说："正如你们所知，当我尚还年轻之时，我们的普鲁士贫弱交加。"在这期间，普鲁士王国发愤图强，尽力达到其他欧洲国家的同等水平。"为此，我们尽可能地利用一切方式推广爱国主义，由此达到了今天这个水平，而我们还在继续奋斗。"俾斯麦这样说道。

对当时的日本这个同样原料贫乏的落后国家来说，普鲁士德国这一榜样就好像是为它量身定制的。武士阶层打出"富国强兵"的旗号，开始对自己的岛国实施现代化改革。

他们借鉴了德国的教育体系、军队体制和法律制度的核心要素。1889年,天皇把日本宪法作为礼物赐给子民,这也是参照了普鲁士典范。

由武士组成的现代改革派还规定,要在本国发动一场自上而下的工业革命。购买西方设备器械的必要资金,他们打算从国内过剩的农业人口身上筹集。农民种植水稻和棉花,养蚕纺丝,以供出口所用;他们的女儿被当作廉价劳动力卖到纺织厂,或者被卖到大城市的风月场所做了烟花女子,儿子则被送去参军。

为了弥补知识上的落后,明治时期的领导人引进了外国工程师和学者。因为本国缺少敢于冒险的企业,已经成为官员的前武士阶层自行建立了现代化的矿井、纺织厂和船坞。后来,他们又对很多具备雏形的企业进行了私有化,由此形成了财团。这指的是类似三菱或住友的联合企业,它们几乎什么都生产,从和服到战舰概莫能外。

在帝国主义的形成方面,日本也竭力效仿西方列强。借助本国此前也在西方国家那里遭受过的屈辱行动,日本在1876年打开了直到那时同样一直闭关锁国的朝鲜的国门,强迫该国签订了一个不平等条约。在接下来的几十年里,日本

第三章 回溯：国富兵强

这个"东方的普鲁士"一直在与中国争夺对朝鲜半岛的控制权。1894—1895年的中日甲午战争后，日本在马关条约中强加给中国的高额战败赔款，主要被投入了国内军工业的扩建。

日本在亚洲大肆扩张，力所能及之地绝不放过：1904—1905年的日俄战争中，两国争夺在中国东北地区的势力范围。1905年，日本海军在对马海战（对马海峡海战）中击败了沙皇的"波罗的海舰队"，首次创造了一个"非白色人种"的国家战胜帝国主义大国的历史。在印度，争取独立的抗争者也因此给他们反抗英国殖民统治的斗争注入了士气。日本在日俄战争中的胜利带给该国的精神影响不容低估。直到今天，这场胜利都是整个国家的强心剂。它也可以部分解释为什么日本自视为亚洲的特殊国家，以及为何原则上觉得要脱离过去的成功非常困难。

打败俄国在日本人心中造就了一种不可战胜的错觉。曾经的武士之国认为，这一胜利的原因在于优人一等的战争道义，这一点在流传下来的武士道精神荣誉守则中有所反映，也形成了下属在战斗中为天皇捐躯的心甘情愿。举国上下的欢呼发展成为国家主义的自我高估，后来却成为日本灾难的罪魁祸首：这既体现在军事层面，比如第二次世界大战；又表现在经济方面，比如20世纪80年代的经济泡沫。

不过，这个大力追赶的国家暂时取得了节节胜利：在第一次世界大战中，日本站在英美一方，与德意志帝国作战。作为回报，日本接管了德国在亚太地区的殖民地，尤其是在中国的样板殖民地青岛。另外，日本经济也从战争中获利不少：那时候，大多数欧洲国家都没有能力再给亚洲供货，因为它们的生产在战争中陷入萧条；日本的电子业和化工业利用了这一形势，目的是从欧洲竞争者手中夺回巨大的市场份额。

在此之前，可能还没有一个封建国家像日本这样如此迅速地完成了现代化。然而，这一飞速的转变也给传统的日本社会造成了多层裂痕。明治领导者试着从思想意识上弥合这些裂痕：他们把当时主要是在某些地区信奉的神道教扩展成全国范围内的国家信仰，还推广对"神圣天皇"的崇拜。尽管如此，社会矛盾仍旧持续升级。1929年，社会冲突在纽约股市行情暴跌引发的经济危机中升至顶点。

那时候，日本国内的贫富差距和城乡区别巨大：跻身现代化的盈利者，有各大财团，还有联合企业及其家族；属于

第三章　回溯：国富兵强

失利者的，则是贫困化的佃农，他们因为稻米价格下降忍饥挨饿，常常无法缴纳高额税赋。地方起义经常发生，对财团老板和高级政要的刺杀也席卷全国。

当时的军队主要是从农民家庭招募新兵，这时候这些行武中人就变成了愤懑民众的代言人。极端化的军官要求进行政治改革，有些人为国家设计了亚洲范围内的大日本帝国的规划。日本将军利用这一机会，将集体愤怒引向国外，推进心怀已久的扩张计划：1931年，日本军队入侵中国东北，建立了傀儡国"伪满洲国"，日本将领把中国最后一位皇帝溥仪扶上了傀儡皇位，并在1937年策划了侵略全中国的战争。

日本军队把占领之下的"伪满洲国"变成了自己国家资本试点的巨大实验室。因为原料储藏富足，被占领的地区适合重工业建设。在不受财团盈利兴趣的干扰下，日本军官以及所谓改革派官员在此试验他们原来在德国和苏联学习过的计划经济模式。后来，他们把这一模式用到日本国内。

岸信介是"伪满洲国"领衔的经济规划者之一，他于1896—1987年在世，是后来的首相安倍晋三的外祖父。他被派驻"伪满洲国"以后，就被提升为商务部部长，后又担任弹药部副部长。作为日本的阿尔伯特·斯佩尔①,他后来在第二次世界大战中组建了军备机组。战争结束以后,他担任首相,在很大程度上协助推进了日本的经济奇迹。几乎无人能像岸信介那样代表日本举国赶超政策的连续性。

岸信介协同建立的经济秩序是一种混合体。在这一经济秩序下,举世惊叹的日本第二次世界大战后经济奇迹期间取得的诸多成就才能提前到来。家族对财团的影响得以抑制;各大公司不是通过证券交易所来负担开支,而是主要通过由国家控制的主办银行②;在分配贷款和原料时,优先考虑跟军备相关的企业。为了禁止罢工,还建立了与公司主管紧密合作的工会。公司确保为雇员提供岗位,按照工龄实现升迁,以此来保证他们对公司忠贞不贰。

很快,工业转型的成果就体现了出来:仅1930—1940年这十年,重工业在整个日本经济中所占的比例就从35%上升到了65%。岸信介等工业战略专家设计出来的相对长远的

---

① 译者注:阿尔伯特·斯佩尔(Albert Speer, 1905—1981)是一位德国建筑师,在纳粹德国时期担任装备部部长以及帝国经济领导人。

② 译者注:在日本,与某家企业有着长期而固定的资金交易关系并占有该企业最大比重股权的银行称之为"主办银行"。这种银企关系具有日本特色,是特定历史条件的产物。

第三章 回溯：国富兵强

规划，最后却被毫无耐心的日本军方妄自尊大的进攻计划挫败：军界对国际舆论不管不顾，在中国进行大肆侵略运动。出于抗议国际联盟对日本侵略满洲里做出的审判，日本在1933年退出了这一国际组织。然后，这个亚洲的赶超之国与其他所谓"一穷二白"、觉得自己受到西方列强亏待的国家结成联盟：1936年，日本与纳粹德国结成"反共产国际协定"，后来法西斯意大利也加入了这一协定。三年后，日、德、意签订了三国协定。

当时也有外国人在日本经历了国家主义风潮，其中之一是德国人鲁道夫·福尔。他是一名接受过相关职业培训的车身设计师，来自柏林施潘道。1936年，他被最好的朋友以"侮辱元首"的由头告发，此后就从希特勒统治下的德国逃亡。辗转经过约翰内斯堡和上海后，他原计划继续前往马尼拉，但因为台风天气轮船转变航向，于是他就抵达了日本的港口城市神户，从那里又到了东京。

抵达仅仅几天以后，福尔就感觉到日本首都的气氛有多么紧张，在这里，外国人被怀疑是间谍。在祭拜阵亡士兵的场所，他被军事警察审讯，原因只是他在此地拍了一张照片。"他们立即把我抓住，押到一个帐篷里面，那里有一名会说英语的上尉——我那时候还不会一句日语——他说："你当心点!'"福尔后来这样告诉我。

那场小小的冒险经历有惊无险地过去了，福尔这名德国人在东京的战争中毫发未损，幸免于难。因为偶然的机会，他做起了珍珠生意，由此开发了一个颇为盈利的行业：因为没有什么贵重东西可买，日本富人和外交官员就把资产部分投资在珍珠上面。福尔跟我说他有能力供货，因为他在1942年把三菱集团的所有珍珠养殖产业都买了下来，而这一切都是因为当时的有利形势。"为了感谢这一妙招，我把最漂亮的珍珠串扔进了富士山中。"

我认识福尔的时候，他已是80多岁的高寿。他差不多认识东京的每一个人，带着他的柏林口音生动地讲着故事。他的人生座右铭是"更多的是运气，而不是理智"。他定期往返于东京和他生意的总店所在地中国香港。他带我来到东京的珍珠交易所，在那里他是唯一一个被允许进入的西方人。他德高望重的形象在交易所里面显得格外突出：满头华发，胡须同样如雪，穿着一套量身定制的褐色西装，翻领上别着一颗镶玉的珍珠。他是这里唯一受过御木本幸吉接见的人，后者是日本传奇般的"珍珠大王"，发明了大规模养

第三章 回溯:国富兵强

殖珍珠的方法;福尔像珍宝一样爱护那次会面的照片。2009年,他在曼谷去世,享年 97 岁。

在第二次世界大战前,日本继续扩大军备,以此向太平洋大国美国发起挑战。美国越来越警觉地观察着日本的海上扩张:1940 年 9 月,日本挺进中南半岛北部,那里曾是法国的殖民地,包括今天的越南、柬埔寨和老挝。1941 年 7 月,日本占领了该区域的南部。美国总统罗斯福对原料匮乏的日本发出石油禁运令,以回应这场挑衅。这不啻对日本宣战,因为当时天皇军队可以预估坦克和战舰所需的燃料何时消耗殆尽。虽然日本掌权者了解美国在经济和技术上的优势,但美国索取的政治价码,即放弃在中国的势力范围,对日本来说实在太高。

是主战还是主和,那时候日本首相、陆海两军最高司令官和天皇顾问商议起来没完没了。最后的结果是,没人敢于承担责任,去阻挡那列带着天皇帝国一起驰向毁灭的战争列车。"察言观色",日本人这样表达他们的处世习惯:本能地领会占据上风的氛围并顺应它。而这一臆想中的美德,却被证明是当时情况下灾难性的错误。

1941 年 12 月 7 日,日本偷袭了美国在夏威夷岛上的基地珍珠港，美国太平洋舰队遭受重创。接下来，日本渐渐侵占了整个东南亚，宣布建立"大东亚共荣圈"。与美国对垒时取得的初期战果给日本打了一剂强心针，让它越发对自己"高人一等"的战斗精神坚信不疑。于是，日本越来越大无畏地推进战事。然而，1942年6月，战争形势已经在朝着对美国有利的方向发展，因为美国急匆匆地将很多被击沉的战舰打捞起来进行维修；在太平洋中途岛战役中，日本损失了四艘航空母舰、300架飞机和很多一流的飞行员。日本军队再也没能从这场溃败中恢复锐气。

渐渐地，日本核心地区的原料和食品供应被切断，不管是海上还是空中运输。在东京，陆海两军高层以及天皇的文职顾问却对是否投降无法达成共识。即使在1945年8月6日美国给广岛投掷原子弹之后，还有一些人主张继续战斗。直到8月9日，昭和天皇终于发布了一道内部声明。同时，在这一天美国也向长崎投掷了钚弹。另外，苏联也加入了对日战争。8月15日，天皇通过广播发表讲话，这是他首次直接与其子民对话，他要求日本人"忍受那些无法忍受的"，以此方式承认了日本的失败。

战争结束了。但日本国内并没有展开罪责辩论，每个人

第三章　回溯：国富兵强

都忙于自己的生存问题。跟当时的法西斯德国不同的是，在日本并不存在一个超级强大的希特勒将自己的国度引入战争之中。临时首相东条英机尽管执政专断，但即便是他也在战争中被撤换了。天皇最后也依赖于他的顾问。所有这些人一起构成了一个没有组织的集体，其中并没有人承担罪责。很久以后，2011年出现福岛灾难发生后的情境，也是大同小异。虽然历史状况不能简单地进行对比，但不负责任的文化却是相似的。

亚洲第一

在1945年8月15日的广播讲话中，昭和天皇避免使用带有羞辱性的"投降"一词。他更多的是把目光投向前方，号召他的属下："聚集你们所有的力量，投身未来的重建工作。开拓正直的道路，维护高贵的情操和献身工作的精神，由此你们就可以完善天皇之国与生俱来的荣耀，并跟上世界发展的步伐。"

跟三个多月以前就已经投降的盟友纳粹德国不同的是，取胜的同盟国还没有抵达日本。两个月以后，美国将军道格拉斯·麦克阿瑟才登陆东京附近的一个空军武器基地。日本精英利用了这一段等待时间，为占领者的到来做好了准备：在东京各个部委的院子里，官员们成堆地焚烧档案文件。此

第三章 回溯:国富兵强

外还招募了成百上千名女性志愿者,让她们给美国士兵提供情色服务,以此防止日本所担心的美军对本国女性的侵犯。

美国占领者在到来之时就让日本政府继续行使权力。麦克阿瑟将军并没有驱使昭和天皇退位,也没有让人把他作为战犯关押起来。这是个聪明的策略,由此麦克阿瑟避免了骚乱的爆发,可以继续利用天皇的权威为自己的利益服务。他搬进了面对皇宫的一间宽大的办公室,把它作为自己的司令部;他在那里坐镇统治,就像日本的幕后将军一样。

日本再次进行了一系列自上而下的改革。麦克阿瑟致力于对这个天皇帝国进行民主化改造:1946年元旦,昭和天皇否定了自己的神格。1946年10月,新选出来的东京议会颁布了一项和平宪法,它的部分条款被逐字逐句地口授给了国民,并于1947年生效。天皇继续扮演"国家和民族统一的象征"这一角色。在这项宪法第九条中,规定日本"永远放弃以国家权力发动的战争"。第一次,日本女性获得了选举权和被选举权。

在占领统治初期,美国很快拘捕了成千上万名政客、文武官员和集团老板,他们被怀疑是战争罪犯,其中就有军备组织者岸信介。不过,他并没有遭受指控。在1946—1948

年的东京战犯审判中，美国占领者主要是把日本军人作为主要责任人送上了被告席，至于经济界的官僚们，美国让他们中的大多数人未受损伤地逃过一劫，可以继续工作。

很多官员可能都把美国的占领统治当作解放运动。在不受日本军方介入带来的干扰下，日本官员很快就可以继续进行本国的赶超运动，不过这次使用的是经济手段。在此过程中，美国占领者也迁就他们。很多美国专家都是"新政"时期的改革者，他们现在到了日本，试着把一些在本国业已过时的理念在此付诸实践。

作为中心项目，美国占领者着手瓦解那些大型联合企业。在美国人眼中，三井、三菱或者住友的利欲熏心就是战争的主要起因之一。恰恰是资本主义制度的美国，现在却考虑铲除日本最向西方看齐的精华部分，而即便是日本军方，也从未完全成功地剥夺财团的权力。随着对家族财产的没收，美国占领者完成了具有日本特色的市场经济形式发展的转向，并为它打上了社团主义烙印。

一直到20世纪90年代，日本特色的市场经济模式都呈现出如下主要特征：公司首先是依靠那些接受国家监管和掌控的主办银行提供资金；相反，股票交易所在资金筹措上仅

第三章 回溯：国富兵强

仅发挥次要作用，由此一来，股份持有者的利益也居于次要地位。各大企业集团昔日的所有人被招聘上岗的经理取而代之。这些多是满头华发的经理登上公司舞台，扮演公司集体发言人的角色。他们代表的是战后的日本，彼时国民中的大多数人都算得上是中产阶层。

就算是解体之后，各大联合企业在非官方层面继续互相交织。为此，它们利用互通往来的持股，即所谓的经连会体系。给联合企业分别发放贷款的主办银行，也发挥了中心枢纽的作用。举例来说，在每周五东京丸之内商业区举行的会面中，三菱集团各个公司的经理都会协商策略。

长期以来，外国公司和投资者都几无可能闯入经连会体系，把自己的产品投放日本市场。对三菱旗下银行的理想化典型职员来说，使用三菱的产品系列都是一件荣耀之事，比如购置防护罩上刻有代表三菱品牌的三颗钻石的汽车、在闲暇时间观看三菱电视机播放的节目、从三菱冰箱里取出一听麒麟啤酒、为家人拍照时按下尼康相机的快门。

1951年，随着《旧金山和约》的签署，美国占领统治结束。短短几小时以后，日本就与美国签订了一项安全协定。在美国这一超级大国的军事庇护下，日本重新致力于占领销售市场——在亚洲以及世界其他地区。在朝鲜战争中，日本迎来了第二次世界大战后第一次大幅度的经济腾飞：1950年6月25日，朝鲜战争爆发，美国对此大感震惊，为了便于战争，它把日本扩大成了一个供给基地。日本从前的军备企业如今又开始动工生产，它差不多给美国提供了总价为24亿美元的弹药和坦克配件以及衣服和毛毯等民用物资。

1953年，战争双方签署停战协议，朝鲜战争结束。日本经贸部，即所谓通商产业省（简称"通产省"，今日的经济、贸易和工业部）的规划者，又确定了其产业政策继续大跨步前进的路线，而从根本上来说，这一路线其实已经在朝鲜战争中预先规定：为了跟西方国家齐头并进，日本计划有针对性地支持重工业的发展，比如钢铁业、造船业、汽车制造业等。这一计划逐渐越走越远，1956年，日本就超越了英国造船大国的地位。

同样带着明确目标，通产省后来组织了对电脑、电脑芯片和生物技术等产业的攻势。就像在保育箱里一样，通产省采取发放补助和减免税收等扶持措施来滋养战略型产业。产业政策的一个有效工具是资本控制，1949年的外汇法给通产省提供了相关依据。该法案规定，公司只能在特种银行兑换

第三章　回溯：国富兵强

用于进口技术和原料的资金，而且必须征得通产省和财政部的许可。

跟后来的韩国相似的是，日本也曾毫无顾忌地仿制外国产品。日本制造商让产品适应大宗生产的要求，然后以低价投放市场。用此方式，日本品牌一度取代了曾经占据领先地位的德国，如照相机产业。最终，被排挤的德国相关产业多半只能退居其后，转而推出高价经典产品。

日本还向汽车行业进军。1953年左右，日本道路上差不多只能看见从美国进口的汽车，但接下来，日本对美国汽车征收最高达40%的进口关税，由此封锁了本国市场。作为日本的第一家汽车生产商，丰田在1957年以其"皇冠"品牌勇敢地闯入了美国。这有点为时过早。因为在美国高速公路上行驶时发动机过热，丰田汽车不得不从美国市场上撤回。然而过了四年，在它从失败中吸取教训以后，才重返美国市场。

不过，日本公司获得的巨大成功，有些不是因为通产省的规划使然，而是逆计划而行的结果。比方说，1946年由井深大和盛田昭夫创建的电子工业巨头索尼公司就是如此。1953年，他们在通产省申请了美国西屋电气公司进口新型晶体管技术的许可证。有半年之久,他们不得不对官员施以影响,直到进口所需的外汇分配到手。跟美国发明者相似的是,通产省战略规划者也怀疑技术的经济效益。最后,索尼利用晶体管创造了一个经济奇迹的标志。

日本的战后经济繁荣起来,仅用了五年(1950—1955),国民生产总值就增长了一倍多,总额上升到250亿美元。在第二次世界大战结束后的第11年,即1956年,日本政府计划委员会在年度白皮书里做出判断:"战后时代已经过去。"

鲁道夫·福尔这位德国珍珠商,那时也借助经济繁荣的东风挣得盆满钵满。在他位于东京颇有名望的帝国酒店附近的商店里,他观察到日本人如何又开始在首饰上不吝花费。他注意到那些新富裕起来的日本女性:"她们找牙医矫正原本健康的牙齿;还有鼻梁上架着昂贵眼镜的商人,即便他们本来并不近视,但就是想让自己看上去显得更优雅一些。"

1960年,首相池田勇人承诺十年让全国人民的收入翻倍,那时有些人认为这不现实,但实际上,这段时期内国民的收入达到了原来的三倍。政府采用降低企业税收和利息的方式,促进在汽车制造和其他核心产业里的投资。每一年,日本经济以平均8%的速率增长。

第三章 回溯：国富兵强

日本的基础设施也得以扩建。在此，决定性的推动力来自1964年夏季的奥林匹克运动会。在奥运会举办地东京，政府修建了一条未来主义风格的高架道路，当时是作为世界最快的列车新干线投入使用。那年的日本奥运会提供了一种发展模式，被1988年的汉城（现首尔）和2008年的北京所借鉴。

战后的日本就像一家独一无二的大公司。1968年，它超过联邦德国，成为仅次于美国的第二大经济体。池田勇人总是随身携带一台小型收音机收听最新的股市报道，当他1962年出访法国的时候，据说戴高乐总统揶揄他是"晶体管收音机商人"。

昔日的武士民族，如今成了职员之族。日本人民不再信奉神性的天皇，现在热衷的是增长主义至上的宗教。日本规划者用神道教中的诸神，比如神话中的神武天皇，来称呼经济繁荣期——"神武景气"。20世纪50年代末，越来越多的家庭喜欢购买三大件消费品——冰箱、洗衣机和黑白电视机，它们被称为"王权三标识"。这里指的是皇帝的三件神圣权力象征物：佩剑、镜子和珠宝。十年后，日本这个国度又用"王权的新三标识"装点自己——汽车、空调和彩电。

受保护的国内市场被各大公司用作基地，它们在这里赚取开展出口攻势所需的资金。同时，它们也从国民的储蓄欲中获利：银行把存款以优惠利率贷款的形式发放给政府明确支持的行业。几近理想化的人口结构又促进了储蓄趋势的发展：在出生率高的那几年来到世间的日本人，从20世纪60年代中期开始在公司上班，他们养育孩子的平均数非常低；有着养老之忧的老年人，其数量也还保持在一定范围之内。

成为社会基本细胞的，不再是打上了儒家思想烙印的家庭，而是公司。为了保证职员的忠诚，企业给他们提供了职位保障，以及按照年龄进行的自动升迁。公司附属的工会负责做好防范措施，防范被罢工破坏和谐。日本人接受极其漫长的工作时日，大多只在周末或者国家节假日才有空余时间。作为回报，公司给员工提供住房、介绍结婚对象、招待他们下班后跟同事畅饮，还给职工支付退休金，或者为他们购买私房提供支持。

获得国家支持的私宅之梦成为经济奇迹的一个核心动力。建筑公司移走了成座成座的山，为越来越多的住房提供地基。"睡眠之城"与"工作之地"常常离得很远，以致上班族不得不忍受最长为两小时的通勤时间，而且大多数都

第三章 回溯：国富兵强

是乘坐挤得水泄不通的火车。他们经常在深夜才能回到家里，只是为了睡觉。无论是从前还是现在，房屋大多数都很狭窄，得把洗衣机放在屋外。住房又是如此昂贵，购房者往往需要好几十年才能还清贷款。这一贷款奴役从政治层面来说大受欢迎，它可以保证社会稳定。在欧洲委员会的一项调查报告中，日本住房被比作"兔子窝"时，日本人还是动怒了——因为那些外国人的无礼。

日本人会用集体主义原则来思考所谓公司盈利、个人受益。所有决定，都是大家达成一致意见的结果。做出决定常常需要很长时间，但其好处在于：一旦形成，所有人都会遵守。公司文化没有给创造力提供多少空间，却非常适合大宗生产时代。

在政治层面，日本也形成了利益均衡的特殊形式，日本人称之为"铁三角"，指的是政治、官僚和经济之间坚实如铁的三角形关系，这种文化也形成了后来的原子能村。从1955—1993年，保守的自民党连续执政，此后也只是短期移交了权力。该党派是一个由各种利益帮派组成的联合政党，有农民、医生，还有公司老总。政党领袖认为自己的主要任务在于给他们的选区和利益群体设法弄到国家资助和其他好处，作为回报，政府官员会向政党领袖索取捐款和贿金。

　　自民党各翼也经常顺带扮演反对党的角色。相反，真正的反对党却经常处于分崩离析的状态。各级官僚则尽力保持政府事务的连续性。在官员退休之后，他们会转到之前负责监管的协会或企业，占据一个有利可图的职位，这些人在日语里被称为"空降官员"，意思是"从天而降的高官"。

　　日本渐进扩大它的经济影响，开始是在东亚：为此，它利用了给曾经被占领地区偿付的战争赔款。从1955年开始，日本先是跟缅甸、菲律宾、印度尼西亚和南越签订了各种协议。到20世纪60年代中期，又有其他国家加入，其中就有直到1945年都被日本殖民统治的韩国。

　　美国支持日本的扩张运动。亚洲充斥着冷战，西方大国念兹在兹的是，镇压当地得到苏联等支援的解放运动。即便是在美国，日本的出口攻势也日益引发不满。在日本加入经济与合作发展组织的过程中，它承诺削减大部分的进口份额，但它自己几乎不进口成品。由此，日本与美国之间的贸易顺差增加。

　　对此，美国前总统理查德·尼克松在1971年8月做出

第三章 回溯:国富兵强

反应,采取了主要针对日本的措施:在没有事先警示的情况下,他对所有日本进口商品处以10%的关税罚款。同时他放开了美元的兑换率,由此额外提高了日本商品在美国的出口价格。此前的一个月,同样是在没有向日本透露的情况下,尼克松宣告了他具有历史意义的中国之行,借助这次出访,他最终打开了这个沉睡的巨人之国通往世界经济的大门。

"尼克松冲击"之后,接踵而至的是1973年的石油冲击:出于对工业国家亲近以色列政策的抗议,阿拉伯产油国降低了它们的石油输送量。不光是日本主要从近东地区购买的石油价格飞涨,而且其他很多日用品也变得昂贵起来。家庭主妇争相囤积卫生纸和洗衣粉。在东京股票交易所,股票价格崩盘。自从第二次世界大战以来,日本的经济增长首次出现明显衰落。对未来的担忧蔓延开来。作家小松左京在其长篇小说《日本沉没》中写到了这一忧悒的氛围。这部被拍成电影的畅销小说,讲述的是日本怎样被一连串的地震侵袭,然后慢慢在太平洋中沉没的故事。

跟以前在美国和西欧发生过的一样,日本的工业发展也达到了饱和程度。两位数增长率的时代一去不复返了。然而政府官僚却没有对日本进行彻底革新,而只是完善了表面。

他们越发实行迄今用来促进未来产业发展的计划经济手段，目的是为一些业已老化或者运作成本昂贵的产业人为地保持生命力。尤其是钢铁、玻璃、水泥、石化等产业，它们越来越面临来自韩国和中国台湾的竞争。

相反的是，产业中具有竞争力的部分，则致力于将其生产方法推到极致。汽车制造商丰田把不断"完善"作为自己的管理哲学理念，发展成为对西方生产商也起到示范作用的典范企业。在"准时制"供应体系的实施过程中，丰田一再压缩工厂里的配件库存，公司用马路替代仓库，载重汽车则以分钟为间隔开到相应地点完成补给。

为了在萧条时期也能刺激经济增长，日本政府把建筑行业打造成了核心产业。在这方面，发挥领导作用的是自民党政治家田中角荣，尽管他连高中文化程度都没有，却以颇具独特魅力的形象登台现身，让国民为之倾倒。1972—1974年，他任日本首相。在执行"日本群岛改造计划"之时，他把整个国家变成了一个巨大的工地。又被称作"配有电脑的挖机"的田中角荣，让人到处大兴土木，架桥筑路。拿到高额利润订单的人选，由田中角荣及其追随者在自民党内部确定。1983年，田中角荣因为受贿而被判决，但此后很长一段

第三章 回溯：国富兵强

时间里他仍在自民党继续发挥作用。而后他于1993年去世，但他的政治遗嘱继续产生着影响。

最终，日本还是从石油危机中恢复了元气。接下来，日本经济界用汽车和电子工业对国外发起了强劲攻势。首先是对美国，十年内，对美国的外贸顺差增加到1000亿美元。在《日本第一》这本书中，哈佛经济学家傅高义（1930—2020）对日本这个强攻之国的累累硕果表达了钦佩之情。该书的日语译本畅销一时，增强了日本人赶超美国这个榜样国度的信心。日本自视为亚洲的时代先锋，因为邻近国家和地区也是效仿它完成了工业化，比如韩国和中国台湾，以及马来西亚、泰国、菲律宾和印度尼西亚。经济学家将迎头赶上的亚洲比作列队飞行的大雁，而领头雁就是日本。

相反的是，美国对日本这一盟国的怒气与日俱增，认为它为自身防御支出相对甚少，而是作为美国这个保护国的"免费搭车者"斩获了一连串的出口佳绩。面对移动的电视摄像机，恼怒的美国工会成员捣毁了日本汽车和电视机。就在1989年日本经济泡沫破裂的几个月前，美国经济学家、后来成为财政部部长的劳伦斯·萨默斯写道，日本"对美国来说是比苏联更大的威胁"。

贸易战发展成为日本和美国之间的常态。因为日本将本国工业隔绝起来，美国也反其道而行之，动用了"操纵贸易"的原则。它逼迫日本限制出口，或者接受给进口设置的最低比例，尤其是针对美国的汽车部件或半导体产品。但所有这些措施都没有收效，美国逐渐失去了工业大宗生产的竞争力。

作为替代品，美国发现了一个新的增长动力——金融业。它对资本市场进行自由化，同时将外汇率固定下来，间接削减日本剧增的贸易顺差。1985年9月，美国与其他六个领先工业国家签订了所谓"广场协议"（根据签约地纽约广场酒店命名）。通过这一协议，日本有义务提高日元对美元的汇率，并借此大幅度增加其出口费用。

"广场协议"给了日本工业沉重一击，尤其是因为它本来就要对付国内的生产能力过剩和需求疲软。为了减轻日元提价带来的后果，日本规划者制造了经济泡沫：从1986年1月开始，仅在13个月内，东京的中央银行就连续7次降低了基准利率。由此一来，企业的资金成本差不多降为零。迄今通过主办银行获得资本的公司老板，现在自己也成了赚钱者。他们发明了"财术"这一日语里的新造词，由"财产"

第三章 回溯：国富兵强

和"技术"混合而成。他们坐拥的那些迄今只是在登记簿上睡大觉的地产，现在要由公司重新估价。比如说，三菱一直就是把它的地产按照百年以前的价格登记在案的，但现在不动产突然变得价值连城，公司把它们用作担保物，以便申请贷款，而贷款又被投入股票和不动产业，或者是更大规模的新工厂。

推动"财术"兴盛的先锋人物就有北茂桑，他是大阪一家贸易公司——阪和兴业的老总。他曾经趁着钢铁业兴盛的东风发家致富，如今把精力转向金融市场投机。他在写字台上装了一个监测器，随时关注股市的升降行情。经济杂志《日经商务》在1988年把他称为"股神"。仅仅五年，他就让公司拥有的资本变成了原来的六倍。当后来日本经济泡沫破裂之时，他不得不下台。

紧跟着公司账簿上营业收入的节节攀升，房地产市场迎来了春天。仅在东京及其周围地区，1985—1990年房价就翻了一倍，由此，也提升了负债越来越多的土地所有者的信誉度，越来越多的公司不再依靠银行提供资金，而是直接转向股市。

因此，银行就面临战略上的挑战：它们必须为自己寻找新的贷款客户，其中就有尾上缝，大阪一家餐厅的老板娘，有人背后议论说她跟黑社会有染。她把从银行借贷来的钱款拿到股市上投机。在挑选股票时，据说她"全凭神灵的指示"。曾为钢铁业等核心产业建设提供经济支持的日本工业银行，也曾跟尾上缝接洽。这个老板娘成了日本工业银行新型个人客户业务的示范性客户。在1988年日本经济泡沫的顶峰时期，她从本国金融机构获得了总额为2270亿日元的贷款。

但接着股票行情下跌，那个老板娘的反应跟其他紧张不安的投资者一样：为了平衡损失，她又申请了新的贷款。有些契据，她是拿伪造的存款证明抵押的。最后当她破产时，债务数目达到了4300亿日元。截至当时，日本国内还没有谁的个人负债积聚到如此巨大的数额。因为诈骗罪，尾上缝被判处12年有期徒刑。日本工业银行因为这一丑闻陷入危险的僵局，不得不与另一家银行合并。

在经济繁荣的鼎盛时期，整个日本似乎都在疯狂行动。突然之间，每个人都觉得自己懂点金融。来自东京的医生佐佐木吉之助也一跃成为房地产大亨。最终他名下置有145处地产，资产估计有一兆日元，美国经济周刊《财富》一度把

第三章 回溯：国富兵强

他选为全世界排名第 12 的富商。

"我们日本人都是赌徒。"当我 1998 年在佐佐木位于东京娱乐区六本木的公司拜访他时，他这样说道。那时他 65 岁，经济泡沫早已成为过去。佐佐木的头发看起来还是漆黑一团，就像染过一样，垂下来盖在耳朵上。他亏损了几十亿日元，生活支离破碎。因为诈骗罪被捕入狱，然后又被交保释放，这会儿他孤独一人坐在阴暗的办公室里。他等着公司被强制拍卖，其遭遇几乎让每个人都心生怜悯。"所有人都曾追随我，银行家、官员、政客。"佐佐木说。然而当泡沫破裂的时候，他一下子就成了破落户。法院判处他两年有期徒刑，缓期执行。2011 年，他孤独地离世，被人遗忘。

在经济泡沫的顶峰时期，日本对自己的"高人一等"深信不疑。东京被人视为领先的金融之地，从长期来看将会超越伦敦和纽约，这样的话语一再听闻得到。有价证券所三洋斥资 55 亿日元，为自己建了一座巨大无比的四层股票交易大厅。建筑被盖上了玻璃顶，像体育场那么大，计划会有 700 名交易人员在这里工作。当我 20 世纪 90 年代初参观新建成的大厅时，发现大多数的工作窗口都是空的。不久后，三洋就破产了。

那是一个充斥着疯狂数字和混乱对比的时代：在日本经济泡沫时期，仅东京皇宫地产的价值据说都高过整个加利福尼亚。1987—1990年，因为房地产和股票价值的上涨，日本人的财富翻了好几番。就好像数十年后的中国人一样，当时的日本人也跑遍全世界购物旅游。他们在纽约购买了"洛克菲勒中心"，在好莱坞购买了电影工作室"哥伦比亚影片公司"，还在汉堡购买了"四季酒店"。在纽约，纸业工厂主齐藤良平分别以8250万美元和7810万美元的价格，竞拍购得文森特·凡高的《加歇医生画像》和奥古斯特·雷诺阿的《煎饼磨坊的舞会》。然后他又发布了一条让艺术爱好者大惊失色的消息，打算死后让那两幅画跟他一起火化。不过，他的愿望并未实现，1996年过世以后，他被火化了，但两幅画却保留了下来。

在经济泡沫的顶峰时期，全世界都在猜测为什么日本可以如此成功，而日本人自己也在尽力找出答案。日本"克服了资本主义"，财政部的一位精英官僚榊原英资如是声称，他也在同题的博士论文里探究了本国的发展模式。这个论点有道理，但是跟论文作者所写的不一样：在开展追赶行动的过程中，日本实际上是追上了资本主义的西方。但是，现在

第三章 回溯：国富兵强

日本突然再也没有可以效仿的榜样了。它原本应该开发自己全新的增长模式，来服务于一个很大程度上已经成熟饱和、不再以两位数速率增长的经济体，并为一个老龄化日益加重的社会效力。

然而，本国学者没有设计出未来战略，而是构想出旨在证明所谓该民族独特性的理论。"日本话语"，人们这样称呼那些多半荒诞不经的论断。比如有一种说法是，日本人的用脑方式跟西方人不一样。听音乐的话，日本人用的是左半脑，而不是右半脑。还有人说，这个岛国民族消化器官的构造也跟西方人的不同，而且正因如此，就没法指望日本人食用进口肉。

1989年是日本经济泡沫的顶峰之年。在其他方面，那一年也标志着一个时代的转折点：1月7日昭和天皇驾崩，享年88岁。随之，他1926年肇始的统治时代"昭和"也宣告结束。可以猜测的是，最晚到那个时候，该国终于得以自由，能毫不避讳地讨论战争历史的问题。然而，反面现象出现了：本国媒体俯首听命，集体进行自我审查。几乎每一个电视频道，连续数日都只播放天皇的下葬日程。日本虽然成了一个经济大国，但却不是一个开诚布公的社会。

1989年，世界其他国家也行动起来。在柏林，东德政府于11月开放了柏林墙。在东欧其他地区，政权被接连颠覆。1990年，苏联解体，冷战结束。

后来，这一历史转折给予日裔美国政治学家弗朗西斯·福山灵感，让他发出了"历史终结"的宣告。照此来看，恰恰是日本这个资本主义的亚洲模范学生，可以算作是胜利者中的一员。1989年12月29日，东京股票交易所在最后一个交易日闭市，其时日经指数已经达到38957点，创下历史最高纪录。看起来，日本仿佛是无法战胜的。

当经济强国日本让西方社会感觉惴惴不安的时候，其实日本规划者很早就在暗地里有所顾虑了。日本中央银行一直忧心忡忡于它以低利息投资给经济界的低价钱款会怎样随时随刻引发疯狂的极端情况。那些在东京出售的住房，即便是普通公司职员终身收入翻上好几倍，可能也是买不起的。长此以往，那可不是什么好事。1989年5月，在东京的中央银行最终宣布，它不打算再用低利息资金供给自称为巨大赌场的日本，很快，它在一年之内就把利息提高了一倍。

1990年年初，日本的经济泡沫开始破裂。外国投资者惊慌失措地撤回资金。在东京股票交易所，股市行情在一年之内就下降了 54%。房地产市场的崩盘来得略迟一些：到 20 世纪 90 年代末，光是商业地产，降价幅度最高达到 80%。日本的经济泡沫彻底破裂了。

"失去的几十年"

20世纪90年代初,就像当时的东欧集团国家一样,日本也面临类似的历史挑战。战后出现的经济奇迹把重点放在大宗生产上面,而这一方式的产生已经退化成为落后的模式。一开始,日本国内国外还有很多人不愿意相信这一点:日本每次都能从危机中全身而退,而且变得更加强大,这是一个经常提及的说辞。但实际上,东京股票交易所再也没有达到它那时候的最高值。

房地产市场随之崩盘后,突然之间,医生佐佐木和其他许多投机者就再也无法偿付自己的贷款利息。银行账上被拖欠的贷款积压如山,而且像雪球一样越滚越大。政治和经济界的负责人却没有勇气向自己以及国民承认这一失败。政府

第三章 回溯：国富兵强

不是用税收手段来对银行实行严厉整顿，而是掩盖危机的规模。日本逃离了现实状况，这也是它的惯用伎俩。

日本的股份公司一起飞跃崛起，现在又一起跌入谷底。这个国度依靠近乎宗教般的信念度日，认为地价将会回升。政治家就像医生一样行动起来，想要帮助一个依赖毒品的人戒除毒瘾。为了刺激经济发展，政客们推出了一个又一个看上去振兴经济的方案。借助这一方式，整个国内建成了新的马路和桥梁。还有那些多半是在经济泡沫时期规划的新的休闲公园，也接连对外开放。长崎郊外还建起了"豪斯登堡"，这是一座微型的荷兰城，里面按原样大小仿建了风车和运河。在宫崎市有一个类似夏威夷的景观开业，室内有人造的波浪和棕榈树海滩。

但随着经济刺激措施的深入，日本负债越来越高。同时，政客们还对中央银行施压：1992年，一位强有力的自民党首领对当时的首相提出要求，假如央行再不降低利率的话，就要他罢免央行最高领导的职位。这一威胁起了作用：中央银行把利率一降再降，到1995年已降至0.5%。但这只是政策的一个过渡期，后来导致央行日益大肆印钞。

选民也变得不安分起来，他们受够了公司破产和失业率的不断攀升。1993年夏，选民撤回了对一直以来执政的自民党的信任。在看起来朝气蓬勃的细川护熙首相的领导下，由多个反对党组成的多党联盟上台执政。但过了八个月后，细川就因为可疑的借款问题被迫下野。在这之后不久，坚不可摧的自民党跟社民党组成联盟，重新掌握了政权。

日本依旧我行我素。但接下来就有两件大事猛然打破了日本的例行做法，极大地损害了日本人对其政府的信任：1995年1月17日，一场毁灭性的地震严重破坏了日本西部城市神户周围的地区，而这座坐拥集装箱港口的城市，是该国领先的经济中心之一。6400多人在地震中丧生，近4.4万人受伤。地震让很多人从睡梦中惊醒，摧毁了建筑物、道路和铁路线，以及很大一部分港口设施。很多地震受害者都在之后爆发的大火中丧命，还有很多人徒劳地等待救援。直升机在燃烧的城市上空盘旋，但它们之所以到来，多半是因为媒体机构所派，只是为了俯拍这场灾难。相反，政府机关却无所作为，不管是在组织上、技术上还是在道义上。

在日本尚且处于神户地震带来的冲击之下时，1995年3月又被卷入下一场灾难：东京地铁的毒气袭击。灾难的制造者是奥姆真理教的拥趸，该教派由眼睛半瞎的麻原彰晃所创

第三章 回溯：国富兵强

立，他的本名叫松本智津夫。作案人把毒气沙林装在塑料袋里，在早高峰时期的地铁车厢里用伞的尖端刺破而释放。12人因为这场袭击死亡，还有5500多人受伤。

松本留着络腮胡子，穿着一身白衣，据说他掌握了盘坐飞行的技术。他利用受到佛教和印度教启发的学说和冥想，主要魅惑了经济奇迹时期长大的日本年青一代。年轻人在这位宗教领袖这里，寻找现实社会的避风港，因为除了工作和消费，这个社会几乎没有给他们提供什么其他目标。毒气袭击留给日本人的是容易受伤的共同感情体验。审判程序针对松本、袭击案其他被告人及其所犯的众多其他罪行，一直持续了好多年。共有13名被告者被判死刑，松本是其中之一。

2018年1月，位于东京的日本最高法院在最后一审中下达判决，对奥姆真理教曾经的一位领头人处以终身监禁的刑罚。在毒气袭击案发生23年后，也就是2018年7月，第一批死刑得以执行，63岁的松本以及其他六名教派成员都被绞死。日本从这场犯罪中可能吸取了教训，却没有提上讨论议程。

继经济泡沫破裂之后，日本出现了所谓"失去的几十年"，而神户地震和奥姆真理教袭击成为恐怖先声。本国的金融机构越来越深地陷入危机之中，为了掩盖自己及其老客户的损失，这些机构总能想出新的花招。有一种非法手段叫作"卷寿司"，比方说，当时第四大掮客事务所山一证券就会采取这种手段，保障所选定客户的投资收益。他们还发明了另一种手段叫"使之消失"，用此手段，山一证券把投资者的损失转移到外部账户上，让损失就这样"消失"。

投资者和顾客长期以来信赖的，是国家不会允许金融机构破产，这一操作人称"中队工作方法"，指的是在政府的压力下，运转相对正常的银行对陷入困境的金融机构发挥类似的牵引作用，并且与之合并。但是在1997年秋，金融危机再也无法掩盖。三洋证券公司、北海道拓殖银行和山一证券公司接二连三地倒闭。戏剧性的状况时有发生。山一证券的社长野泽正平在移动的摄像机前泪如泉涌，承认自己以及其他经理应该为这场惨败承担过失，他叫喊道："但是职员们没有过错。拜托帮帮他们，拜托！"

不过，和谐暂时告一段落。各大日本股份公司翻开它们的账本，到处都是一片赤字。仅山一证券就损失了2600亿日元的市值，只是没有把它作为亏损数目记录在案。金融机构一家接一家地被清理、国有化或私有化。美国金融资本主

第三章 回溯：国富兵强

义的各大巨头也嗅到了猎物的腥味：美林投资银行接管了山一证券的一部分，另外一家美国银行收购了日兴证券公司。

那时候全世界的担忧都与日俱增，觉得日本可能会成为全球金融震荡的震中。因为在1997年春，日本政府还在不必要的情况下让危机进一步恶化——恰恰是那时候，该国开始实行节约政策，提高了消费税。其结果是，消费者突然开始节省开支，振兴经济的动力停滞。当时的索尼总裁大贺纪南认为其国家处于"坍塌的边缘"。

让日本当时的处境雪上加霜的是：从1997年夏开始，"亚洲四小龙"国家爆发了金融危机。震荡从泰国开始，那里新富起来的精英人士纷纷借贷，大肆兴建摩天大楼和洋房别墅，购买豪华汽车。但是在外国投机者的攻击下，本国货币泰铢对美元的汇率一落千丈。突然之间，泰国人民再也没法偿还他们用美元借贷的债务。这个国家破产了。韩国的情况也差不多，在国际货币基金组织几十亿美元贷款的援助下，才侥幸逃脱了国家破产的一劫。

如果是早些年，日本也许还有能力给那些遭遇危机的亚洲国家伸出财政援手，但现在这只亚洲领头羊也自顾不暇。美国步步紧逼，催促日本政府整顿经济。日本媒体抱怨本国遭遇了"第二次战败",因为在美国的压力下,受到打击的日本不得不开放它大多处于关闭状态的金融市场。这场改革的推动力来自国家检察院,它致力于清除日本股份公司里面金钱文化这一糟糕透顶的毒瘤。

终于,日本政客采取了他们原本早该采取的行动:他们将很多兆日元投入到业已崩溃的银行业里面。后来,西方的金融政策专家和主办银行负责人从日本的疏忽中吸取了教训。当2008年雷曼冲击波引发世界金融危机之时,西方国家近乎毫无节制地往国内市场投放低利息资金。无论如何,他们想要避免自己的国民经济重蹈"日本化"的覆辙。

进入21世纪十年后,日本很长一段时间还一直忙于减少本国拖欠的贷款。在东京,政客们争相出主意,看看可以怎样人为地刺激振兴经济。当时的首相小渊惠三决定,给有小孩和老人的家庭发放购物券。尽管这样的善意之举缓和了危机,但也让未来几代人背上了沉重的负担。小渊自称为"世界最大负债之王",这在他本人当然是玩笑话,但对日本来说却是苦涩的沉重经历。

国家的资金投注效果甚微。它让建筑业之类的传统行业得以保持活力,但几乎没有创造前景大好的新就业岗位。传

第三章 回溯：国富兵强

奇般的资本主义理论家约瑟夫·熊彼特曾率先提出"创造性破坏"的说法，因为老旧行业的衰落可能会形成具备竞争力的新产业。但是在日本，国家用投入经济之中的大量资本扼杀了创造性，能为该国提供更大帮助的，可能是类似比尔·盖茨或者史蒂夫·乔布斯这样的企业家。

那时候，日本的衰落跟美国的复苏形成了鲜明对照：美国这个西方大国发明了因特网，开发出先进软件，重新登上世界舞台。相反的是，日本成为"忧悒"的代名词。老牛拉破车一般缓慢前行，就像是一场迟迟不肯完结的茶道仪式，日本工业忙于削减其巨大的产能过剩。这在汽车生产行业表现得尤其明显，20世纪80年代，日本一再新建汽车工厂，负债越来越多。

1999年，日产汽车被法国汽车生产商雷诺拯救，两家公司互相参股。在绰号为"成本杀手"的巴西籍总裁卡洛斯·戈恩的领导下，日产比其他诸多日本公司更快地摆脱了本国公司文化的束缚。拘囿于共识文化的日本人内部都未能实现的目标，却被局外人戈恩实现：他裁减了成千上万个岗位，关闭了很多工厂。另外他也不再从日本本国的企业集团供应商那里购买配件，而是从报价最便宜的供应商那里购入。

这位"成本杀手"管理企业严酷无情，但至少他还算正直不阿。由此卡洛斯·戈恩与很多日本老总区别开来，那些人同样裁员，但经常暗地里搞小动作：他们会使用所有伎俩，一直欺凌年长或者他们认为多余的员工，直到员工自己惴惴不安地辞职。如果员工早上到达公司时，发现办公椅周围被人用粉笔画了一个圈，或者突然发现办公桌上的电话机不见了，就会意识到此地再也不需要自己了。

"窗边族"——人们这样称呼被曾经像家一样和睦的公司驱逐出门的职员。2001年，我认识了酒井智行，他37岁，在一家电脑游戏制作公司从事软件开发的工作。有一天，他也被发配到一间没有窗户、四壁徒立的房间，有人告诉他："啥也不干，从今天起这就是你的工作。"酒井就那样无所事事地坐了四个月之久。公司希望的是他会自己辞职，当他没有采取这一举动时，公司就辞退了他。酒井对自己被炒鱿鱼提出抗议还是件破天荒的事，很多其他被辞退的员工都是自己离开的，默默无言，轻手轻脚。从孩提时代起，他们就被教育不要给周围的人添麻烦，很多人还把公司的没落怪罪到自己身上。

第三章　回溯：国富兵强

我那时在东京各个公园里结识了很多西装革履的男士。他们每天早上就离开家门，这样妻子、儿女或者邻居就不会察觉他们被解雇的事实。渐渐地，这些失业男士的钱花光了，他们在信贷公司负债累累，接着就会离开家庭，因为再也无法将下岗的命运隐瞒下去。他们在工地上打零工聊以度日，夜里就睡在蓝色的帆布下面或是纸箱里。

在经济泡沫破裂之后漫长的危机年月，很多万念俱灰的人都结束了自己的生命：直到 2011 年，日本每年都有约 3 万人自杀。2017 年，这一数字尽管降至略高于 2.1 万，但仍然相当于某些地区的居民总数。

在经济衰退的那些年，首都东京仍然在晚上亮起霓虹灯。危机在哪里呢？外国游客一再问道。在光亮闪耀的外表之下，该国度却一再饱受经济衰退之苦。数十家商场关门。随着价格的下跌，日本陷入了轻微通货膨胀的恶性循环：因为害怕失业，国民消费得越来越少。结果公司利润下降，几乎再也不进行投资。各大企业也奉行节约政策，这是因为遭受经济泡沫破裂的冲击之后，它们也变得非常畏惧风险，宁愿将利润储蓄起来。到 2017 年 9 月，日本的存款总计 406 兆日元，折合 3 兆多欧元。

同时，日本还在跟全球化带来的后果进行斗争：越来越多的公司把生产基地迁移到了工资水平相对较低的国家，主要是中国。日本大片地区都已经见不到工业的踪影，因为随着集团公司的搬迁，其供货商经常也会迁走。中国在经济方面的崛起越快，日本对这个邻国的恐惧也就越来越强烈，围绕"中国威胁论"这个话题展开的书籍，一度充斥着日本各大书店。

相反，也有人代表新的日本形象，认为该国尽管存在危机，但也会欣欣向荣，比如优衣库的创建者，他是通货膨胀的获利者，也是这一形势最为雄心勃勃的推动者之一。最早，他在父亲的那家位于西部城市宇部的时装店里工作，1984年，他在广岛开了第一家自己的店面，出售合成粗呢夹克衫和其他价格优惠的纺织品，并以此来满足变得节约的日本国民对物美价廉衣物的需求。20世纪90年代，他把自己的服装品牌发展成了一个世界品牌，这些年来一直与一些西方服装品牌并驾齐驱。"今天，全世界的人都穿得一模一样。"这位创始人于2014年在其位于东京的控股公司总部接待我时这样说道。"纺织品在我们眼里就是零件，用它们把服装拼缀起来。"他说，"这一销售理念处处大受欢迎，不管

第三章 回溯：国富兵强

是在纽约、伦敦还是柏林。"

这位创始人个头不高，头发剪得跟军人的一样短。他没有在传统日本总裁的礼节上耽误很多时间，而是措辞简洁地直入正题。对于他而言，衣服只是商品。他用自己的策略排挤了本土竞争者，这丝毫不妨碍他继续做生意。"日本的零售业无可救药地老化了。"他说，"很多衰落的竞争者都缺少顺应新时代的企业精神。"

他代表着资本主义的强硬逻辑。但最终来说，他自己也被囚禁于这个制度之中：除了在全球范围内一再扩展业务，他别无他法。因为从长期来看，在人口老龄化而且不断缩减的本国市场上，不仅存在顾客消亡的危险，他有时候还会遇到"用工荒"的问题，即找不到足够的分店售货员愿意不签固定合同而又接受低价报酬。在很多人眼中，这些条件显得强人所难。因此，这位服装品牌的创始人在无奈之下，只有再次尝试采用更加稳定的聘用形式，将员工与公司长期绑定在一起。

最终，面对自己及其他通货膨胀获利者参与造成的两难困境，他还得奋起抗争：一方面，在这些获利者的帮助下，消费者可以购买到越来越便宜的进口商品；另一方面，他们又摧毁了本国的工业基地，由此也摧毁了其目标顾客的就业岗位。日本人被置身于一场向下发展的竞争之中。"超级便宜"——刺激消费的广告如是表达。在那时的德国，为了鼓动大家集体购买便宜货，也打出过类似的标语——"悭吝很棒"。不管怎么做，最终低价购物节的社会成本都转移到了后代人的身上。

从2001年起，小泉纯一郎首相执行新自由主义的货币政策，更是助推了这一趋势：他放宽了各项规章制度，降低了对社会保障体系的支出，同时加速整顿业已崩溃的银行业。截至2007年，在国家援助下，各家银行大都削减了拖欠的贷款。日本原有21家大型银行，经过破产与合并以后，只剩下3家处于领先地位。经济开始复苏，原因之一也是在于，日本生产商从中国这个世界工厂的崛起中分得红利，这一方面是源于配件出口，另一方面是通过位于中国的日本工厂。

小泉时代最具影响的政绩，就是2004年对严格规定的劳工市场的自由化。长期以来，日本人对终身稳定的工作岗位颇感自豪，这场改革对他们来说不啻大坝决堤。类似丰田这样的生产商采取大手笔，将大量固定聘任的员工替换成合

第三章 回溯：国富兵强

同工，四年后，临时工所占比例增加到了所有员工的 1/3。

劳工市场的改革拉大了贫富差距，因为 2008 年美国著名投资银行雷曼破产引发的冲击，这一状况又被进一步激化。全球金融危机的后果全面地冲击了日本工业：突然之间，欧美消费者再无余钱购买日本的汽车或平板显示器，中国也几乎不再向日本订购高科技产品。

成为日本困境标志的，恰恰就是丰田公司：这家汽车巨头宣告了自 1950 年以来的首次净亏损，而就在一年前（2007 年），它还创造了破纪录的高额利润。从业人员和供货商担心自己的生存问题，尤其是在位于西部的丰田老家——名古屋的周边地区。当地民众嘴上挂着的不是"雷曼冲击"，而是"丰田冲击"。该地区最重要的"雇主"丰田急剧缩减了生产，大规模解聘了很多临时工。很多供应商也作出了相同举动。在其他行业，形势看起来也是差不多的黯淡。资本主义推进器的后备力量已再无用武之地。

寥寥几周之内，整个日本足有 40 万临时工丢掉了工作。随着工作的失去，他们大多数还失去了作为安身之所的员工宿舍。到处都可看见背着背包的男士，漫无目的地在各个城市里游荡。2008—2009 年，这些无业游民的穷困潦倒令人触目惊心,以至于志愿者组织在东京市中心的日比谷公园搭建帐篷营地,设立了救济所,人称"临时工之村"。

零工雇佣中出现的最糟糕的弊端,有些后来通过法律治理得以减轻,但要想重新回归和谐的公司文化,却显得极其无望。经济衰退受害者自己承受苦痛,他们宁愿蜷缩在公司门口,也不愿找公司的麻烦。在大阪,一名49岁的电脑技术员被人在寓所里发现身亡,死因是饿毙。他差不多在公寓里躺了一个月,没有任何人发现他的下落。当医生进行剖尸检验时,惊奇地发现死者胃里面几乎是空的。在雷曼冲击发生的前一年,这名男士被公司委派到一家银行工作,有一天他生病了,于是不得不中止工作,后来,他就再也不能重回工作岗位了。在他住处的地板上,散落着面向求职者发行的杂志,以及填有简历的申请表。

即便日本国民不为经济困境发起抗议,他们对一直执政的自民党也不抱什么救世期望了。2009年8月底,国民16年以来首次把另一个反对党联盟推上了台。新的政府由首相鸠山由纪夫及其民主党领导,不过该党已经内部分裂成左翼和右翼,因此,在接管政权以前,实际上新政府就已经失败了。

鸠山本人其实拥有便利条件,可以从传统出发,架起一

第三章 回溯：国富兵强

座通向未来的桥梁。这位在美国斯坦福大学获得博士学位的工程学专业的高才生出身于日本一个政治和工业贵族世家，祖父曾担任首相，父亲做过外务大臣，外祖父创建了普利司通轮胎公司。

多年以前，鸠山退出自民党。因为他总是给人一种神思游离的感觉，所以得到了一个绰号"世外人"。他还有一位举止夸张、曾经做过演员的夫人鸠山幸，让很多人觉得离奇古怪，她还曾写过一本书，讲述了她在外太空的经历：她被外星人挟持到金星上面，那里"风光无限、绿意盎然"。不过，这样的乖张古怪并不妨碍大多数选民的支持，因为鸠山做出承诺，要拿出他的前任从未正儿八经地尝试过的行动——对日本威力无比的官僚政治予以控制。

鸠山不再将税收投入那些有名头的可疑项目中去，而是计划引导它们进行转型，就像他打出的口号那样——"从钢筋水泥转向国民大众"。一开始，这一点也让那些有改革意向的官员备受鼓舞。但是鸠山及其新政府的幕僚犯了一个根本性的错误：他们没有将官员的能力拿来为自己所用，而是公开大加挞伐。在移动的摄像机前面，各位官员不得不详细讲述他们的项目，为其正名。在此过程中，官员们常被民主党的政客严厉痛斥。寥寥几周以后，新政府就使得大部分官员倒戈，站到了对立面。

　　鸠山还引发了美国的不信任。没有了这个曾经的占领国的亲善，日本政府内部便无人可以有效执政。鸠山时而质疑美国对南部岛屿冲绳派驻军队的双边会谈，时而建议中国效法欧盟建立所谓"东亚共同体"。对此，就连日本政府内部的亲美派力量也大感震惊。以下情况的出现，不知是否纯属偶然：那时候，日本检察院开始采取行动，非同一般地彻查首相以及其他民主党领头人物的财务状况。当时，不断有鸠山的新机密泄露，四处传扬。各大媒体没有就政治改革方案展开讨论，而是对以下线索津津乐道：就连已经亡故的人，也被鸠山的阁僚记录在所谓党派捐助者的名单之列。尽管鸠山毫发未损地从丑闻中脱身而出，但政治上新的肇始已被破坏。不到一年后，鸠山在2010年6月下台。

　　尽管政府官员更迭频繁，日本的经济挑战却始终如一：雷曼危机以来经济增长一直不见起色，通货膨胀如影随形，在推行诸多振兴经济方案的过程中，政府让如山的债务越堆越高。2010年夏，中国超过日本，成为继美国之后的第二大国民经济实体，日本越发感受到来自这个新兴国家的经济

第三章 回溯：国富兵强

挑战。

2011年春，鸠山的继任者菅直人也消耗掉了他的政治资本，作为反对党的自民党要求菅直人下台，或者进行新的选举。正当菅直人被迫在国会中对反对党的攻击做出辩解的那一刻，日本东北部发生了地震，从电视里可以看到，菅直人惊恐万分地望着天花板。

那是2011年3月11日，当天发生了地震和海啸，其后核灾难降临。第二次世界大战以后迄今最为深重的危机开始了。民主党人本来可以利用这场危机对日本进行彻头彻尾的革新，但是反对派的力量太过强大——来自政治家、官僚和经济巨头。作为反对党的自民党否决了菅直人在危机中提出的建议，拒绝组建一个全国统一的政府。自民党没有想过共同承担福岛灾难的责任。

然而，执政的民主党不光是因为福岛灾难下台的，给他们带来灾祸的，还有国家债务越堆越高这一事实。政府的支出本来就已经远远超出其赋税收入，现在还得为遭受破坏和辐射的东北部重建投入额外资金。2012年夏，新上任的首相野田佳彦采取措施，目的是让国家财政重新恢复秩序。他通过国会颁布了一项法律，规定到2015年逐步将消费税提高到10%。由此他就在内部分裂了自己的政党，突然之间，他在议会里失去了自己原有的多数支持者。为了发放新的国家贷款，他不得不争取作为反对党的自民党的首肯，该党派同意了野田的请求，但是有个条件：他必须解散下议院，宣布进行新的选举。

接下来，选举得以进行。2012年12月，头号候选人安倍晋三代表的自民党以压倒性优势获得选举胜利，赢回了自第二次世界大战以来行使过几十年的执政权。恰恰是安倍，这位在2007年仅仅执政一年之后就辞去职务的首相，现在以日本危机救世主的形象横空出世。但他及其所属政党也确实有幸，因为在福岛灾难发生之时，他们扮演的是反对党的角色，现在他们宣布，计划改革之前他们自己毁坏的战后制度。

这位上了年岁的新首相做出承诺，要让日本再度"迈向美丽之国"，这也是他最重要的一本书的名称。这听上去华丽多彩，差不多就跟神道教的创世史一样。这当然不是偶然的，因为安倍晋三计划用来拯救日本的理念，最终取材于该国历史。

第四章
索尼公司：讣告

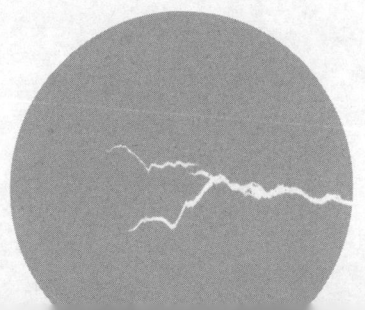

第四章

古代․中世の社会

"阿童木"的梦想

　　小坂心菜开始跳舞。伴随着日本流行音乐的节奏,她舞动着自己纤细的身体。她伸展自己的手臂,将一条腿优雅地移动到另一条的前面。小坂心菜只有45厘米高,蓝眼睛,红头发。她看起来就像是从动漫书中跳出来的一样。但跟纸上画的动漫女主人公不一样的是,她在按照其所有者的愿望准确舞动。她是个机器人,只需点击电脑旁的鼠标即可对她进行个性化的程序操作。

　　展演结束,小坂恢复毫无生气的模样,并被悬挂到固定在她后背的支架上面。这个动漫机器人的发明者叫春日知昭,这时候他满意地点了点头。他是东京西部一家机器人公司的创立者,公司名叫"斯毕四斯"。"小坂心菜的发明实现了一个突破。"他说。跟传统机器人不同的是，这个新机器人不再是借助沉重的马达来活动四肢，而是利用受到中央驱动控制的塑料细线。"因此这个机器人看上去不再那么笨重，而是苗条优雅。"春日说道。

春日61岁，头发灰白，他对自己的产品兴奋不已，就好像个贪玩的男孩子。随着时间的推移，他渐渐把这些年里开发出来的老机器人从工作间里拖了出去。它们看起来相对笨拙，就好像长了两条腿的机器。随着动漫机器人的发明，春日离他的人形机器人的理想就更近了一步。下一步，他计划开发出一个看起来更自然、更像人类的样板机器人，按计划，这个机器人的身高要达到小坂心菜的三倍，差不多相当于日本女性的平均身高。

春日经营这家公司，对日本大部分电子工业长久以来追随的梦想铭记在心，即开发出用两条或四条腿直立、像人或动物一样自然行动的机器人。春日的成长有"铁臂阿童木"的陪伴，那是20世纪50年代一部系列动画片中的主人公，也被拍成了电影，里面的那个机器人在世界上被人称为"阿童木"，是个好心肠的生命体，他跟孩子们一起上学，有一颗核反应堆形状的心、一个计算机大脑，脚上配有火箭，臀

第四章 索尼公司:讣告

部连着机关枪。

机器人代表着日本对技术的集体热情,以及对未来的信仰,正是后者在经济奇迹时期激励该国不断奋进。机器人象征着日本这个"股份公司"不断用新型产品震惊世界的雄心壮志。尤其是电子产品制造商索尼满足了以上诉求,春日自立门户之前也曾为那家公司效力。

春日曾在索尼参与了机器狗爱宝的开发,于1999年投放市场。这只机器狗可以在客厅的地毯上独立爬行,举起自己的小爪子,对表扬或责备做出反应。在春日及其同事看来,机器狗是索尼完美的吉祥物,因为这个在全球受人顶礼膜拜的品牌,一直计划通过高科技产品引领消费者日常生活的革命化。1946年以来,索尼的创立者井深大和盛田昭夫就一直追随这个目标,早在20世纪60年代末,他们就将这一高要求付诸现实,尤其是发明了便携音乐播放机器——随身听。

对于索尼及其开发者来说,爱宝可不是什么电子宠物,他们计划在它的帮助下书写技术发展史上的新篇章。他们把机器狗视为科幻未来发展过程中的前期阶段,在这个未来中实现人类日常与虚拟现实技术的融合。时至今日,差不多整个世界都在谈论虚拟现实技术，甚至连中小学生都在学习"恐怖谷"这样的专业理论概念，探讨机器人在多大程度上被其人类使用者接受的问题。当时，正是日本引领了相关的辩论，而索尼计划为新时代提供机器和技术。

当时索尼集团的总裁是出井伸之，他于 2000 年在东京的索尼总部接待我和《明镜》周刊的同事亚历山大·容时，生动地描绘了他雄心勃勃的策略。那个时候，索尼集团充满自信。在出井上任之前，他甚至还考虑过购并当时误入歧途的美国电脑生产商苹果公司。今天，我们可以这样说：对于苹果公司以及整个世界来说，幸亏没有发生购并一事，否则的话，可能就再也不会出现音乐播放器、智能手机或平板电脑等苹果系列产品了。

但那个时候，索尼总裁的话语听起来是如此先知先觉，就好像他就是日本的史蒂夫·乔布斯一样。"今天，虚拟世界只能在显示屏上看到，"他说，"明天它会囊括现实世界，在路上、汽车里或办公室里都可以见到。机器狗是这条路上的第一步，下一步将会是开发出具备人类特征的机器人。"

然而，六年之后，出井辞去了总裁一职，索尼也悄无声息地停止了机器狗的生产。在这之前，机器人开发者春日就

第四章 索尼公司：讣告

曾宣布这一消息。他感觉到，公司里的各位上司已经对机器狗失去了兴趣，至于创建者时代的发明精神，则几乎无法察觉。"在索尼公司，集体文化已经蔓延开来。"他说，"如果有人提出了一个特别有创意的点子，就会有10位同事表示疑虑。"

索尼没有创造出驰名世界的新奇产品，而是继续与公司的衰落抗争。2017年秋，尽管该公司令人震惊地宣布了复兴机器狗的计划，但按照昔日开发者春日对机器狗新方案的看法，他对此颇为失望。按照计划，将来会通过无线局域网将机器狗与"云端"连接起来，"为此其实并不需要机器人，也可以通过谷歌或者亚马逊来安装一个具备人工智能的扩音器。"春日说道。而且，最初的电子狗比后来开发出来的看起来更有前景。

事实上，机器狗的复苏本身确实包含一些令人绝望的因素。索尼似乎突然清醒过来，过了很久以后，直到现在方才尝试与自身曾经的强项衔接起来。日本其他各界也做出了类似的行动：为了帮助本国再度与国际社会接轨，安倍首相发出了"机器人革命"的官方号召。但美国竞争者，比如苹果、谷歌等其他公司早已率先进入了人工智能新时代。在这

195

个未来趋势中，索尼基本上无法再发挥任何作用。

索尼的案例显示，在全球化和数字化的时代，一个品牌的成功可能会不可想象地转瞬即逝，而错失这一成功又会有多迅速。索尼集团的命运不是什么例外，它在更大程度上代表了日本总体上不得不面对的挑战。而且这不光是日本一国的问题，其他工业化国家同样如此。只需想想德国汽车工业：它多少年来万般执拗而又无比骄傲地坚持使用内燃机，现在也不得不在技术上转向电力驱动。

在过去的岁月里，不光是索尼，其他日本电子产品生产商也不得不告别它们曾经称霸全球的主导诉求。日本产业曾经让全世界惊叹不已，甚至闻风丧胆，成为本国包括汽车制造之内的最重要的工业支柱，在此期间却沦落为昔日辉煌的可怜翻版。

可以肯定的是，全球公司你争我夺的竞争是类似盈亏等资本主义日常的组成部分。这一日常展现了"创造性摧毁"的原则，正如经济学家约瑟夫·熊彼特定义的那样。当然，公司的衰落不是只在日本发生。然而几乎没有其他先进工业国家的核心产业像日本的电子工业这样，其衰落发生得如此迅速而又极具戏剧化色彩。2000 年，作为日本昔日旗舰行业

第四章 索尼公司：讣告

的电子业，还创造了26兆日元的产值，十年以后，相关数额就缩减了一半以上。在这个迅速衰落的过程中，几乎见不到"创造性"，主要是摧毁之力在发挥作用。

日本电子工业的衰落不光有国内的原因，全球因素也起到了推波助澜的作用：冷战结束之后，也就是自从20世纪80年代末以来，像中国这样的新竞争对手打入世界市场。因为掌握了比如说微芯片形式的先进技术，新兴国家可以便宜而又便利地购买产品所需的必要配件模块，而不必自己从头进行新的开发。这一技术进步也波及西方工业集团，比方说西门子。但这些公司的反应多半比日本集团的更加灵活而且严格，它们采取的方式是告别那些不再或者几乎不能盈利的经营领域，比如说移动电话的生产，所有部门都被出售或者转移到子公司，接下来，公司越发集中精力，密切关注其核心生产能力。

相反的是，日本耗费了太长时间，才试着改变该国一贯推行的传统增长模式，即生产品种齐全的大宗产品，并让相关模式顺应网络和数字化时代的潮流。曾经助推了日本这个经济大国崛起的同样因素，现在却成了阻碍该国经济转型的绊脚石：这个国度本该革新它的企业文化，本该鼓舞其员工进行创新，而不是继续支持他们顺应社会环境。另外还有一个原因：太久以来，为了防止外国竞争，日本采取国家资本主义手段封锁了本国市场。

封锁趋势被日本这个岛国的地理形势强化：本国公司长时间从这一地形中获利，因为它们占据了多半昂贵的国内消费者市场，从中获得的盈利则用于出口攻势。但是到了现在，与外界的隔绝经常只是助长了舒适安逸，而公司错失了及时武装自己以便应对全球新趋势的良机。

整个20世纪80年代，日本的因特网陷入一片沉睡，因为该国一开始几乎没有生产出符合国际商业机器公司标准的电脑，推出的主要是特别针对日文汉字使用的本国机型。后来微软将Windows 95操作系统投放市场，实现了日文汉字与拉丁字母之间的便捷切换，此时日本的电脑生产商及其设备已经陷入了防守状态。

至于那些生产电视机、手机和洗衣机的日本电子工业集团，情况也大同小异。比方说，谁今天还会谈论传统品牌夏普呢？2016年春，它已被中国台湾的电子供应商富士康掌控。公司的易主具有标志性的价值：富士康是全球化最大的获利者之一。在中国的工厂里，富士康估计雇用了超过120

第四章 索尼公司：讣告

万名员工，他们主要负责苹果设备如手机和平板电脑等产品的组装。这家公司展现了21世纪的全球分工，像苹果这样的世界大牌只负责产品设计，并提供必要的相关软件，硬件则放在劳动报酬较低的国家和地区的供应商那里生产。

再拿三洋来说吧，曾经也是日本的一个特色品牌，后来怎么样了呢？它多半仅留存在较年长的日本人的记忆中了。负责生产冰箱和洗衣机等家用电器的三洋部门，已经出售给了中国生产商海尔，剩下的产品门类，其中也包括颇有前景的电池技术，主要归并到昔日竞争者松下集团名下继续经营。松下自己呢？这家公司也曾以生产消费类电器闻名，而今天主要是作为电动汽车电池供应商被人提起。

索尼的衰落带给世界的震惊尤其巨大。这一衰落的戏剧化进程分为多个阶段进行：多年以来，该集团逐渐将电脑和电视机等重要领域转移了出去，关闭了大量工厂，缩减了几万个工作岗位。索尼再也不能向市场供应什么世界一流的新东西了。

世界一流新产品的标准，正是索尼自己在1979年制定的，所用的工具就是传奇般的随身听。这一产品的理念来自井深大，公司两位创始人中较年长的那位。他要求手下的工程师开发出一款方便携带的立体声机器,用于出差途中听音乐。接下来,他的商业伙伴盛田想出了一个极具天才的销售策略,就是把随身听打造成一款受人顶礼膜拜的产品。当时推出的随身听广告视频,有些今天还可在油管(YouTube)视频网上看到,其中有个广告里面展示了一只戴着耳机的猴子,结束语是"它就是索尼"。相反的是,该公司今天会提出以下问题:"什么是索尼?"昔日的成功品牌究竟还代表着什么呢?

　　井深和盛田率先垂范的摸索细节之乐,今天几乎无法让人把它与索尼公司联系起来。这两位创立者的例子告诉我们,成功的企业是多么需要强烈地依靠具有独特魅力和丰富想象力的人物。"井深和盛田定期到工程师那里探望,了解最新的技术发展。"前田悟说道。这位索尼公司以前的经理曾负责开发一款轻便型显示器,这也是第一批无线电视机。不过,那时它还没有触屏,而且从来没有进入系列生产。即便是多年以后,对此的失望都还让前田耿耿于怀,每一次我与他相约在东京喝咖啡时,都可以看出这一点。他告诉我,索尼在2000年推出轻便型显示器,其实是在发展成为平板电脑的道路上抢占了先机的,他坚信如果那时候井深和盛田

第四章 索尼公司：讣告

还有话语权的话，那么可能就是索尼及其轻便型显示器来确定移动娱乐的未来。

实际上，索尼差不多把数字时代所需的所有人才和技术都聚集到了自己门下，但缺少的正是像井深和盛田这样的领导将现有的技术诀窍聚合起来，转化为可以投放市场的产品。他们习惯于将新的机器带回家，不断地进行调试。在这之后，他们多半带着自己的改进意见回到实验室里。他们所重视的，是目标客户群体的视角。

昨日和今天的索尼，主要区别可能正是在此。"过去的索尼工程师都有取得佳绩的动力，因为他们想要取悦井深和盛田。"前田说。可以肯定的是，领导们很难打交道，但他们也明白，必须给员工提供发展空间。井深将这一原则写进了公司规章文件里面，这不光对于日本来说具有革新意义。像前田这样长期为索尼效力的人，还能背出这条原则："理想的工厂会创造出自由的精神和开放的氛围，真正具有强烈动力的工程师，可以在其中发挥他们最优的技术能力。"

索尼的下一任传奇般的总裁大贺典雄，也代表了创立者的开创精神。这位受过歌剧演唱专业教育的领导，负责推出当时用来替代普通唱片的激光唱片。他乘坐公司班机，足迹差不多遍布半个地球，目的是指挥像柏林爱乐团那样的交响乐团。接着，他选定了出井伸之作为继任者，后者从1995年起掌管索尼。

出井是首个没有推出典型索尼风格新产品的总裁，而从一开始，几乎也没有人对此抱有期望。他之所以被任命为总裁，更多的是因为他对当时类似产品数字化提出了自己的见解。出井打算让索尼改头换面，以适应互联网时代。他想给该集团确定一个目标，而不只是局限于纯粹技术上的细节摸索。像他所表述的那样，他计划把手下员工变成"追逐数字化之梦的孩童"。根据计划，员工要把索尼的核心产品，比如照相机、电视机、手机和电脑，都与数字网络相连。出井不是技术人员，他是以索尼公司唱片店经理的身份平步青云的，实际上，他把电子硬件仅视为工具手段，目的是向消费者出售相关产品和服务，包括电影、音乐、书籍以及其他产品，直到金融服务。

他遵循的相关策略，后来由苹果公司及其音乐平台iTunes实现。在策略执行过程中，起初索尼比它的美国竞争公司拥有更好的前期基础，可以把电子与娱乐融合在一起。早在20世纪80年代末，日本当时处于疯狂购物的泡沫经济

第四章 索尼公司：讣告

时代，索尼就并购了哥伦比亚广播公司的唱片行和位于好莱坞的哥伦比亚电影公司，由此进入娱乐产业。但是很长一段时间，新收购的公司都未能融入索尼集团。尤其是对哥伦比亚电影公司的收购，耗费了索尼34亿美元巨资，却多年以来拖了索尼财政收支的后腿。另外，跟其他在美国开展收购业务的日本公司一样，索尼总部也犯了一个同样的错误：美国公司上层被赋予了极大的决策自由。在此过程中，面对美国这个曾经的占领强国所产生的文化自卑情结可能也起了一定的作用。但位于东京的索尼总部对这一点忽视得太久，以至于哥伦比亚电影公司的美国高层大肆截留资金。最终，索尼又为其美国子公司支付了原来收购时所花资金同样数目的款项。

尽管如此，有一段时间，索尼还是在数字化方面取得了进展。通过公司旗下的一项在线服务"索尼通讯网路"，顾客可以发送和接收邮件、下载卡拉OK曲库里的流行歌曲、享受星座占卜和寻医问药服务或者炒股。索尼采用了日本国内的普遍做法，用一个有趣的动画角色来招揽用户，它是一只粉红色的熊，名叫"邮递萌宠"。给人的感觉是，这个虚拟的邮递员会帮忙投递邮件。点击一下鼠标，用户也可以给熊喂食、洗澡和梳理毛发，这跟以前喂养电子鸡"拓麻歌子"的方式类似。

索尼也生产了一款可以提供所有服务的器械，即游戏机。直到今天，游戏机一直还在生产，自打1994年推出首款以来，其出售量达到了好几百万台。早年，游戏机也被连上了因特网。东京的索尼公司上层希望借此给未来联网的各个起居室创建一个控制中心。按照计划，将来不会只有宅在家的青少年打游戏机，他们的父母也会使用它来操作电视机、处理银行业务或者预订下一场假日之旅。

索尼雄心勃勃的策略看起来差不多就是这样，但是没有更上一层楼。尽管跟以往一样，在与本国对手任天堂游戏机和美国微软公司的Xbox游戏机的竞争中，索尼的游戏机产品始终立于不败之地，但索尼游戏机一直坚持自己的名分，后来也主要寄希望于作为玩具的游戏性能，却无法成为电脑的真正替代品。

在索尼失败的地方，后来它的美国竞争者苹果公司成功越过了：2007年，苹果将智能手机投放市场，而这一独创性的产品，是索尼的死忠粉原本更期待由自己顶礼膜拜的品牌推出的。用苹果手机，基本上可以处理游戏机原来能做的所

第四章 索尼公司：讣告

有事情。不过用苹果手机当然还可以完成更多的任务，打电话那是自然，还有拍照和录制视频。再者，手机更方便随身携带到任何地方。

就网络越来越流行的社交媒体而言，索尼连同它的那只粉红熊可能也无法长久地占据主导地位。除此之外，日本没有创造出类似脸书或者推特那样的社交工具，至少没有哪一个在全世界取得显著的商业成就。尽管日本有个类似瓦次普（WhatsApp）的聊天工具"连我"，2011年由韩国互联网公司网络导航者（Naver）的日本子公司开发出来，主要是在其他亚洲地区推广使用，但这样能在亚洲取得成功的社交工具也是例外。像索尼这样的生产厂商，尽管壮志凌云，却缺乏与互联网的亲近，它们拘囿于硬件生产，却无法在这个领域推出哪怕一点鼓舞人心的新东西。

随着时光的流逝，索尼发展成了类似一家综合商品经销店的模样。新的业务领域，比如公司附属的保险业务，给索尼贡献了越来越多的利润份额，尽管它无法替代电子硬件生产创造的利润，但很长一段时间都是索尼旗下的核心产业。在长期以来占据重要地位的电视机行业，索尼错失了发展纯平屏幕电视机一代的良机。索尼的门户品牌贵翔曾经推出了世界第一批纯平显像管电视机，为公司创收无数。但是从2003年起，三星等竞争对手迎头赶上，生产出了注重液晶和等离子的屏幕技术模型。索尼不得不花大价钱购入这些新型屏幕，卖方里就有三星，而索尼与它共建了一家生产显示器的合资企业。

曾经踌躇满志的电视机品牌，越来越深地陷入危机之中。从2008年开始，金融危机加快了索尼衰落的步伐。为了减少损失，索尼在2013年出售了东京的电视机产业总部以及纽约分公司。同时，公司又裁员了好几千人。不过，在日本解聘员工可不是容易的事，至少正式员工不易辞退，因此，索尼的人事部门经理想出了颇具创意的妙招：他们在东京的公司总部设立了一个"事业规划"部门，把那些不愿意主动辞职的正式雇员发配到那里去。那些"多余者"日复一日地遭受没有任何吸引力的工作折磨，直到最后很多人主动离职。

索尼最优秀的人才，也有一些主动离开的。其中就有近藤哲二郎，他掌握了高分辨率成像技术，是个传奇般的专家：他跟索尼原来的30名同事一起，在东京建立了一家研究所，即Ⅰ立方研究中心。2015年，我在那个中心拜访了

第四章 索尼公司:讣告

他。近藤西装革履,给人的印象有点老派,像个教授。当他讲解自己理念的时候,我就意识到,索尼曾经该是一座多么巨大的高科技知识宝库啊,而随着像近藤这样的技术权威离职,该公司在这期间又承受了多大的损失啊!

近藤遮蔽了室内的光线,打开三台大屏幕,每台屏幕上都播放着相同的电影画面,可以看到一只猴子在爬树。在左右两边的屏幕上,闪动的画面都呈现出传统的电视机图像的质量,仅猴子的形象清晰可见,画面其他部分则是模糊的。但在中间的显示器上面,猴子周围的环境也像刀刻斧凿一般明晰,也就是说,猴子身前身后的枝叶同样清晰。"集成认知创造",近藤这样命名他的技术。在一张高度智能芯片的帮助下,该技术可以创造出像雕刻一样清晰的画面。因为这一技术开发,近藤当时已经得到了来自中国的询价,但他说道:"对日本来说,电视机技术是一门核心技术,不允许我们轻易转让。"

只是,问题在于:从长期来看,日本该如何在亚洲低廉的价格战中屹立不倒呢?不光是索尼,日本其他制造商也转入了防御战。在争相开发完美的纯平屏幕技术的惨烈竞争中,夏普和松下已经元气大伤。随后被富士康兼并的夏普,已经在日本建立了多家生产液晶纯平屏幕的大型工厂。相反的是，松下保留了自己差不多同样大面积的工厂，不过是用来制造等离子屏幕。这两家制造商长久地把希望寄托在局限于本国的市场繁荣之上，因为那时日本的电视机正处于向数字化系统转向的紧要关头。

即便是在 2008 年的雷曼危机之后，日本消费者还是对电视机进行了以旧换新。为了刺激经济增长，政府还为购买新电视机的消费者发放了补贴，即"生态点"。2011 年，更新换代结束，突然之间，索尼、松下和夏普六神无主，不知道该如何利用它们巨大的过剩生产能力。一年以后，这三家公司开始呈现大幅亏损。

大西康之是一名日本经济记者，他把夏普和松下这两家当时看起来举动疯狂的电视机公司比作"大和号"和"武藏号"——这是当时世界上最大的两艘战列舰的名字，日本海军计划利用它们在二战中打败美国，但日本忽略了以下事实：当时美国早就在开发现代化的雷达，在它面前，日本的巨型战舰几乎不堪一击。这个比方很是恰当，因为即便是在今天，日本战略专家更看重的，也经常是硬件而非软件，是让人印象深刻的大宗数量，而不是智能化的未来技术。

第四章 索尼公司：讣告

类似索尼这样的生产商太过长久地相信自己的技术优势了。"捣鼓"，日本人这样表达他们公认的一种能力：对细节刨根问底，让机器和器械在技术上一再臻于完善，直至尽善尽美。日本各大开发者之间展开竞争，研制出越来越薄的电视显示器，其视觉分辨率也越来越高。不过，这一系列的改善，尤其是在画面质量上，肉眼多半是无法区分的。

那时候，世界各地的消费者期待的不是技术上的游戏，而是其他东西：他们想随时随地观看电影或短视频等节目，而且是在不同终端和平台上，比方说通过油管或者网飞（Netflix）。然而，日本也错过了这个趋势。生产商和传统的电视台都采取抗拒态度，不愿拆毁与因特网之间隔绝着的那堵高墙。

最终，索尼集团不仅败给了推出低价产品的韩国和中国挑战者，而且也受到谷歌、亚马逊和脸书等美国信息技术巨头的摆布：这些公司早就从硅谷起步，迈入了新的高科技未来，它们没有自己的工厂，其实力建立在用户数据和算法的基础之上。

从发明者到供应商

在谷歌的时代,索尼发现自己越来越受排挤,屈居迟到者的地位。有一名工程师,尽管遭受种种阻挠,仍然不知疲倦地钻研开发新产品,他就是斋藤淳彦。2015 年年初,我在位于东京的索尼总部采访了他。他 37 岁,在移动器械部门工作。他身穿一件淡紫色的羊毛衫,脚上是一双蓝色的拖鞋,给人的感觉就好像毕生时间都是在公司里度过的。一看即知,时尚对他来说并不重要,重要的是工作。

数月以来,斋藤及其团队都在忙于开发当时索尼最新的平板电脑机型 Xperia,它的重量只有 270 克,比很多竞争产品轻得多。它的立体声效颇为出彩,也可以用作游戏机的移动终端。为了减轻这款平板电脑的重量,索尼特地让人开发

第四章 索尼公司：讣告

出了用于制造屏幕的超薄玻璃。数月之后，斋藤退居到中国的一家工厂里面，以便组织该机型的生产，因为相关生产自然要本着节约成本的原则。斋藤秉持完美主义，对技术细节颇为着迷，这些都是典型的索尼风范。

斋藤及其同事身处巨大的成功压力之下：借助 Xperia 系列的智能手机和平板电脑，索尼原本计划在不断扩大的中国市场上站稳脚跟，成为苹果手机或者是三星"银河"系列的备选产品。但无论是索尼还是其竞争对手，都被置于那些在中国以外几乎寂寂无闻的低价产品压力之下。其中之一就是生产智能手机的小米，它抢占市场的攻势尤其猛烈。索尼还得多想出一些引起轰动的念头，让其智能手机和平板电脑脱颖而出。

发明一些不同寻常的东西，这自然也是斋藤的梦想。他说："一个不是被雄心壮志驱动向前的工程师，压根就不会在索尼公司启程。"他告诉我说他自己在家里收藏着一个随身听的机型。听上去，就好像他打算时刻回溯公司的创造性开端，以便永记不忘。当他坐车去上班的时候，看到四处大都是随身携带苹果手机的通勤一族，就会思考自己可以做些什么，来让索尼再次成为业界老大。

211

但他接下来给我展示的那个平板电脑，也只是一个普通无奇的产品。尽管它特别轻，但也不是什么最新型号，也许我们可以认为它是一款稍微有点不同的平板电脑。就算是在产品的软件方面，索尼都无法完全标新立异，因为这一款平板电脑用的是安卓运行软件，也就是谷歌的运行系统。我不由自主地回想起多年前与韩国三星的一位营销经理之间的谈话，谈及新产品必须满足的要求时，他只说了一句话："消费者一定要发出'哇'的赞叹。"而面对索尼的产品，没人发出这样的声音。

同时，我也想起了很早以前的一次参观索尼的经历。那是在2000年，当时我被允许进入它位于东京的计算机技术实验室。负责接待的工程师给我展示了一个器具，看起来就像一支圆珠笔：他利用那个工具，似乎是从巨大的电脑屏幕上提取了所有数据，然后存储到其他的显示器上。今天再也没有人对这项技术感到惊奇，但当时给人的感觉是颠覆性的，一个新的电视机时代看起来就要来临。这位开发者介绍说，将来观众可以像从巧克力盒子里选取甜食一样，就用这跟圆珠笔一样的小棍棒即可挑选节目，并随心所欲地进行编排。

第四章 索尼公司：讣告

我问平板电脑开发者斋藤，他究竟喜欢研发一个什么样的产品，当然，前提是上司给予他必要的自由和足够的经费。几次三番追问之后，我成功地引导他说出了一个让我立即震惊不已的理念。据他透露，很长一段时间以来，他就梦想着开发一种全新的平板电脑，而且它最多也就像一张纸那么厚。他言之凿凿，听起来自信满满：几年以后，就会出现一款这样的产品。

不过我怀疑将这样一款产品投放到市场上的会不会是索尼。在消费者的日常生活中，索尼这个品牌已越来越少地进入大众视线。这可能也跟以下事实有关：索尼日渐变成了一个供货商，供应隐藏在其他生产商所制造器械中的零部件。这一点在视觉传感器上体现得尤为明显，索尼越来越依靠该产品获利。

凭借传感器，索尼似乎在自己的后院里发掘出了一座金矿。这些贵重的半导体越来越多地用在借助人工智能操控的器械和机器上面。可以预料的是，从智能手机到无人驾驶汽车，这些配备有人工智能技术的产品很快就会占据我们的日常生活。尽管人工智能革命的前行路线大部分是由苹果、亚马逊和谷歌等美国信息技术公司确定的，而且目前也越来越受到阿里巴巴、腾讯和百度等中国公司的挑战，但各种器械的必要配件多半来自日本。索尼生产的传感器也证明了这一点。

跟其他让人膜拜不已的中型生产商一样，差不多可以用"隐形冠军"这个概念来称呼索尼。因为在传感器领域，索尼是一个"不显山露水的世界级大师"，尤其是它给美国竞争者苹果公司供应配件：苹果手机摄像头用的就是索尼传感器。正是这款让人膜拜的产品，让索尼盈利越来越多。

本着了解这一转变的目的，我在2017年初夏去了东京近郊的厚木市。在城市景观之中，一片极不起眼、刷得粉白的厂房凸显出来。那就是索尼技术中心，我是第一次来到这里。以前，我从没想过要来参观。当时我想的是，在东京的索尼总部了解一下娱乐电子工业的最新趋势就已足够，但是，公司内部的重心已经发生变化，代表着新索尼希望的人，叫野本哲夫，在索尼生产半导体的子公司，他主管移动设备视觉传感器这一部门。

野本在一个没有窗户的房间里欢迎我的到来。这位52岁的男子穿着一件条纹衬衫，言谈举止淡定沉着。他在大学里学的是技术专业，在大部分职场生涯中致力于开发日益贵

第四章　索尼公司：讣告

重的视觉传感器。在来索尼工作之前，他就已经研发过具有高分辨率画面的电视摄像机，后来他又参加过提升手机摄像头像素的技术工作。如今，他主要负责促进跟全世界大客户之间的商务联系。

谈起索尼，野本用"供应商"一词来描述它。这听起来差不多有点不好意思了，比起原来的广告语"它就是索尼"，显得谦虚了很多。它听上去更像是"英特尔处理器装在里面"，那是美国公司英特尔芯片的标签，会贴在很多电脑上面。尽管如此，野本还是颇为自豪，因为幸亏有了他主管的这个传感器部门，索尼才又开始盈利。在公司里面，大家都把厚望寄托在他及其技术部的同事身上。野本说："这对我们来说是个莫大的荣耀。"

传感器的业务可能还会持续兴盛很长一段时间，他预测道。他以胜利者的姿态把自己的智能手机高举在空中，那是索尼的一款 Xperia 机型。不管怎么说，索尼还在生产自己的手机，但眼下野本并不想讨论这个问题，他要解释的是另外一件事：一开始，制造商主要致力于提升落后的智能手机摄像头的画质，但是近年来，用户也要求更好的前置摄像头，用来自拍。另外，在人工智能时代，越来越多的移动服务都建立在自动化人脸识别的基础上，野本说道。正因如此，就需要功能越来越强的摄像头而言，不仅能识别手机用户的面孔，还要能识别他们的表情。

索尼传感器可以用于很多产品，智能手机只是其中一种。野本描绘了未来的情境，那时候几乎所有的日常生活都会被联网，实现数字化。在全自动化的工厂里，今天的机器人已经可以识别障碍。这一点之所以实现，只是因为在机器人手臂装上了传感器。不管是监控摄像机、无人机还是自动驾驶汽车，将来会有越来越多的产品使用视觉传感器。因为器械和机器不但要能够识别人群、物体和移动目标，而且要具备分析突发场景的能力，即使在不利的光照条件下，以上种种也能顺利进行。基于此，索尼开发了用于汽车的新型传感器，可以平衡隧道里明暗之间的极端差别。另外，还有些传感器可以辨识暗色挡风玻璃窗下的人脸。将来，智能相机也必须完成今日用户几乎无法想象的任务，比方说处理虚拟现实里的问题。

随着传感器的生产，索尼看似找到了一剂消解其业务愁烦的万能良药，该公司再也不必重新创造一个高科技未来，而是可以遵循其委托客户的指示，生产所需的配件。问题只有一个：索尼不会再犯日本芯片制造者 20 世纪 80 年代犯过的相同错误吗？当年，那些芯片制造商可是太过依赖某种唯一产品了。假如一个大客户，比方说苹果吧，某时开始自行生产传感器，那又该当如何呢？

对于我的提问，野本先是摇了摇头，随后提醒我注意索尼在传感器制造方面占有的巨大优势。他所说的这一点，可以在隔壁公司附属的半导体博物馆参观：在玻璃柜里陈列的展品中，就有一台特别的彩色相机，这也是该类相机里的第一台。20 世纪 70 年代，索尼曾把它用于大型喷气式客机。那款相机里面含有一个特别芯片，其像素已经达到 12 万像素值，这在当时来说不啻一场技术革命。"因为生产这些产品时积累起来的经验，索尼不是那么容易就会被其竞争对手超越的。"野本说道，"就那样购入几台生产机器，然后从零开始，那是不够的。"将来，传感器的开发还会要求有更丰富的技术知识，比如需要一再提升画面质量，降低用电消耗，加快处理过程的速度。

野本知道的是，对于他所说的，门外汉只有震惊倾听的份儿。不过，我还是带着一丝悲哀离开了厚木市的技术中心。索尼这个有型有款的品牌，曾让普通消费者对它推出的世界最新产品振奋欢呼,但今天的"隐形冠军"已经与这个牌子没有多大关系了。以前,索尼工程师主要是致力于钻研技术,目的是将它融入自己原创的产品中,比如说,随身听的生产就体现了典型的索尼式风格,但是现在谁还会为一个隐藏在苹果手机摄像头里的零部件兴奋不已呢?

加拉帕戈斯现象[①]

那些大型日本电子行业品牌不是一夜之间黯然失色的，其衰落持续了好几十年。日本告别消费电子行业霸主地位的准确时间很难判断。但可以确定的是，从某个时候起，整个世界就停止了对日本新兴产品的狂热崇拜。当索尼或者松下在市场上推出新机型时，商店门口再也看不到顾客排队的情形了。

---

① 译者注：在距离南美大陆约1000千米的地方，有一个叫"加拉帕戈斯"的火山群岛，岛上的大型哺乳动物及其他生物长期处于孤立状态，自成进化体系，但进化只是为了适应当时、当地的条件，出岛便会死掉。日本商业界借此引申出加拉帕戈斯现象，主要是指企业脱离全球化时代的宏观背景，仅专注于国内市场和自我封闭发展，形成国内一览众山小但在国际上节节败退的局面，最终陷入被淘汰的危险局面。

我最后一次看到这样的队列，是在2001年秋。那会儿日本推出了一个举世称奇的新产品，是一款内置摄像头的翻盖手机，还可以用来录制和发送视频。这个款式叫FOMAP2101V，是松下开发的，通过日本移动通信网公司NTT Docomo销售。在开始发售的前一晚，技术爱好者就在位于东京及其周边地区的日本移动分店门口排起了长队，期待购入最先销售的2400款样机中的一款。在东京，不到半小时新手机就售卖一空。

在首次发售中，我空手而归，但过了几天，在我多次打电话了解之后，奇迹发生了：在距离东京一小时火车车程的户冢，有一家小小的日本移动分店，在那里我可以买到最后一批手机存货中的一款，并签订与手机绑定的用户合同。我难得的兴奋，那时就觉得自己成了新时代的见证者。在东京及其周边地区，日本那时候已经开始率先引入快速无线通用移动通信系统，依靠这一系统，才有可能使用新一代的手机。

我入迷般地掂量着新买的翻盖手机。它闪着金属的蓝光，显得还是颇为粗笨，跟鼠标差不多大。手机摄像头可以沿着轴线旋转。我自拍了一张照片，骄傲地发给我在汉堡的

第四章 索尼公司：讣告

编辑部。这是我生平第一张自拍照——即便那会儿还没有"自拍"这个词。在邮件发送过程中，屏幕上有一只黄色的母鸡出现，嘴里叼着一封信。

那款手机本来可以提供的功能，比如听广播、下载音乐等，那时候还无法使用。信号接收也一再中断，因为当时东京及其周边地区还未能处处建立快速的网络连接。在购买手机的那家店里，营业员给了我一张折叠起来的地图，上面用红色标注了我的手机可以接收到信号的城区。不过，对于信号不畅带来的不适，我倒是无所谓，我感到更加重要和兴奋的是，这回日本又一次在技术创新方面走在了世界前列。我坐车回家后，立即写了一篇报道，讲述我首次使用松下手机的亲身体验。

到了2018年，作为手机制造国的日本在国际上几乎排不上号了。当我在东京乘坐快铁和地铁的时候，看到我周围差不多都是低头盯着苹果手机或三星银河手机的人。偶尔，我会看到还有人在用索尼 Xperia。除此之外，手机市场都被美国、韩国和中国型号占领，没有它们，日常生活几乎难以想象。松下早就退出了智能手机生产的舞台，日本电气股份有限公司也是如此，后者也是一家电子行业巨头，但今天国外几乎没人记得它了。2017年夏，富士通也公开宣布，打算给它的手机生产业务寻找买主。

当然，日本不是在手机生产方面落伍的唯一国家。只需想一想芬兰制造商诺基亚，它在20世纪90年代跃居世界领先地位，接下来却错过了发展新型智能手机的时机。面对苹果手机的竞争，诺基亚无法推出具有同等吸引力的机型。2014年，这家芬兰公司把手机生产业务出售给了微软，后来微软又把它变卖给了富士康，诺基亚自身却成功实现了革新，成为电信基础设施的领先供应商。

日本在手机开发领域一败涂地，主要应该归咎于自身：该国太长时间地封闭本国市场，隔绝了外来竞争，由此错过了最新的全球发展趋势。从某个时候起，日本曾经先进的翻盖手机看起来却显得老旧不堪。本着自我批判的精神，日本人称之为"加拉帕戈斯现象"——就像地处偏僻的太平洋群岛上的原始时代动物一样，日本在很大程度上脱离了世界的手机发展潮流，面临着衰落成为古董产品存储地的境地。

当美国制造商2007年将苹果手机推向市场的时候，日本工程师起初对它报以讥诮，因为他们可能无法从这款新型手机上发现很多亮点。这在当时也可以理解，毕竟日本工程

第四章 索尼公司：讣告

师主要看重硬件，而那个领域是日本优势的基石。就苹果手机的单个功能而言，比如说扩音器或者照相机，日本手机至少可以提供相差无几的质量。另外，苹果手机的很多组装部件也都来自日本的供应商，比如说屏幕、金属外壳。但是持怀疑态度的日本技术人员忽视了这一点：在他们的国度，从来没有人灵机一动地借助创新软件，把现有技术组装成一款新型智能手机。因为日本没有一位史蒂夫·乔布斯，也就是苹果总裁这样的人才，他不但是一位独具慧眼的商人，而且也操心产品的技术细节和外观。苹果手机的设计做到了最大化的简约精细，满足了用户实际上原本是对日本高科技的期望。乔布斯一再出访日本，就是从当地佛教禅院建筑的简洁之美中获得了灵感。

过了很久以后，日本才意识到，苹果手机是以一种什么样生死存亡的方式，对自己的电子行业发出了挑战。很长一段时间，日本人还在使用本国生产的老式翻盖手机打电话，该机型被友善地称为"加拉帕戈斯"型号。出售这些机型的是本国电话供应商，比如日本移动通信网公司，是曾经的国有电信产业垄断巨头——日本电报电话公司所属的移动电话子公司。此外，日本政府还制定了自己的移动电话标准，目的是把外国竞争对手阻隔在国门之外。一直到苹果手机的兴起，日本公司实际上是内部分割了这个岛国的消费市场。

以上情形不可能长久地持续下去。第一家打破这种内部团结的日本公司，是软件银行集团这个颇有攻击性的挑战者。这家公司在日本专营苹果手机。于是，市场领头羊——NTTDoCoMo——不得不做出还击，也进口来自韩国和中国的智能手机。其结果是，像松下和日电等国内电子产品制造商就被置于强大的市场压力之下，它们既无法跟受到消费者膜拜的苹果抗衡，因为本国人工费用高昂，也不能跟售价低廉的生产商比如三星、华为竞争。

软件银行集团这个挑战者不仅勾勒了加拉帕戈斯市场的轮廓，在创立者孙正义的领导下，该集团还一跃跻身于全世界最大的高科技投资者之列。在几十年的发展过程中，孙正义购并了一个由多家网络公司组成的大型集团，其组成五花八门，从中国网络平台阿里巴巴的股权，到印度在线购物的手机应用程序，直到美国移动通信运营商斯普林特。2017年，孙正义的个人资产达到200亿美元以上，跃居福布斯日本富豪排行榜的首位。他打算创建世界上最大的信息技术集团，借助人工智能革新大众的日常生活。

第四章 索尼公司：讣告

孙正义是个边缘人士，仅其履历就让他从一众头发灰白的日本总裁中凸显而出。他来自一个韩国移民家庭的第三代。作为这个在日本常被歧视的少数族裔中的一员，他却愿意向日本国民展现他的身份。孙正义对各种社会禁忌并不上心。15 岁时，他不顾父母和老师的反对，去美国学习英语，并在那里上了大学。一个来自日本的少年只身行走世界，这即便是放在今天也极其少见。孙正义是受了坂本龙马这位武士英雄的启发，后者也是一位改革家，曾在 19 世纪时想要武装日本，以便抵御西方列强。在位于东京的软银总部，孙正义保存着其伟大榜样的一幅画像，以及偶像随身佩剑的木制翻版。

在机器人领域，孙正义也在飞奔前进：几年前，他收购了阿尔德巴兰，也就是人形机器人派博（Pepper）的法国制造商。机器人派博有脑袋和双臂，胸脯上搁着一个电脑键盘，是首个可以推向市场的人形机器人，还能解读人的表情，比方说借助对话伙伴的声音。在日本的银行、商场和博物馆，它被用作指路者，敬老院则用它来引导老人做操。

孙正义计划组建一个可以持续 300 年屹立不倒的集团。在他看来，类似派博这样的智能机器人是数字化时代的关键，有了这样的机器人，就可以借助人工智能来颠覆性地改变人类的日常生活，正如他一再强调的那样。在他全世界进行的收购进程中，孙正义还购并了一家英国高科技公司安谋（ARM），它研发用于大多数智能手机的微芯片。仅收购一项，就花费了320亿美元，而且都是现金支付，正如他自豪地宣布的那样。2017年6月，他通过软银向谷歌母公司字母表（Alphabet）购买了机器人生产商波士顿动力公司。该公司制造的机器人一再引起轰动，但也引起了一些观察者深切的恐惧：因为这些机器人不仅可以双腿站立或行走，还能够完成让人联想到翻跟斗的杂技动作，最令人震惊的是：一旦摔倒，它们会重新站起来，继续奔跑。

然而不能确定的是，孙正义是否可以成功合并所购的高科技公司集合体，成功组建一家有着连贯策略的集团。这应该并不容易。因为孙正义的主要身份是个投资者，他投注了大量的资本。但他不是那个能给日本带来全新索尼的人物，无法帮助本国缔造一家生产独创产品的企业。不过，他在企业家精神和格局意识方面给日本的国人树立了榜样，而这些正是日本国内通常所缺乏的。他挂怀于心的显然不是自己集团的成功，他真正关心的是，日本错失了与国际社会接轨的

第四章 索尼公司：讣告

机会。

我对他的这个印象，源于 2017 年 2 月的一个周五晚上——当时我得到一个机会，可以近距离地观察他。（那天）他邀请了好几百名中小学生到东京的一家酒店参加聚会。酒店大厅充溢着令人紧张的寂静，然后就看见他登上了演讲台。令人吃惊的是，这个男子其貌不扬，穿着灰色的夹克和条纹开领衬衫。他讲话流畅，差不多可以说是出口成章。他没有讲自己公司的盈亏问题，只是围绕个人觉醒的经历展开，讲到一本杂志上的微芯片插图曾经给他留下了何等难以磨灭的深刻印象，那会儿他 19 岁，正在美国上大学，那时的他就已经感觉到技术正在发生多么迅速的变化。

接下来，孙正义谈到了人类的未来。很快就会开始"个体"的时代，他说，在这个时代，世界将会由能够独立学习和做出决定的电脑控制。"那我们人类做什么呢？"他问道。"请务必思考这个问题！"他对年轻人发出号召，"不要只是死记硬背地学习！"然后，他讲了自己成立的一个私人基金会，基金会的目的在于资助有天分的日本学生出国学习。孙正义想看到的是，日本学生能像自己当年那样，学习英语和计算机编程。孙正义提出这个倡议，其实也是间接地表明了他对日本教育制度的不信任,不相信它可以培养出下一代的创新发明人才。

从这位亿万富翁的话中可以听出深深的忧虑。尽管他本人所获已经很多,原本可以安享晚年,但日本这个拥有众多顺应社会的上班族的国度,面临着错失与数字化未来接轨的险境。这一点,没有人比经历丰富的孙正义看得更透彻。为了改变这个国家,他首先必须改变年青一代的思想,这代人大多宁愿宅在家里,而不是走到外界去发现新事物。

当我听孙正义演讲时,又一个想法在我脑海中浮现:他的唤醒式号召不光适用于日本。他原本也可以在德国发表同样的演讲——在那个国度,迄今还没有完全覆盖的快速网络;在那个国度,因为数字化及其结果,其经济和社会发展受到的挑战至少跟日本所遇到的同样巨大。

半导体工厂里的生菜

如果不探讨一下日本芯片行业的崩溃，就没法书写该国电子工业的悼词。芯片行业的衰落，尤其清晰地反映了日本工业地位的结构性困境。能够用来存储大量数据的微芯片，不是一个随随便便的配件，它代表着日本这个高科技国家充当全球工业霸主的要求。20世纪80年代中期，日本还在生产着全世界一半数量的芯片。那时候，美国感受到了生死存亡般的威胁。在1986年订立的所谓半导体协议中，美国要求日本做出承诺，其有义务从国外，主要是从美国，购买日本芯片总量的1/5。

1990年，还有六家日本公司跻身全球最大的储存芯片生产商之列，领先者是日电和东芝。25年后，只剩下东芝还位列其中，而且排名靠后。截至2017年，日本的芯片生产总量滑落到只占全球的7%。位居榜首的企业，是美国的英特尔或是韩国的三星。

对于剩下的日本代表东芝来说，形势看起来一片黯淡：万般绝望之中，该集团寻找可以收购其芯片产业的买家。东芝正要整顿自身，急需资金，以求继续生存下去。在它持续了近乎130年的黄金时期，东芝曾荣膺"日本西门子"的美名；该集团几乎无所不产，从白炽灯泡到发电厂涡轮机。在东京附近的川崎市公司附属博物馆里，可以参观东芝率先投放市场的电器有第一台电冰箱、第一台洗衣机、第一台吸尘器、第一台彩电。后来，东芝努力开发高性能手提电脑。

这些都已成为过往云烟。2017年6月，东芝在东京的股票交易市场已经被降级为第二梯队，有时候其股票标价都面临着被撤销的危险。该集团的收支平衡表呈现出一片深红色。即便是高薪聘请的会计人员，面对自己在账簿中发现的管理漏洞，也几乎无法在这样一片乱麻中理清头绪，有时候他们干脆拒绝出具收支报告。

最终把东芝逼上绝路的是核能，而恰好是这一行业，本来就给日本招致了众多的灾祸。鉴于传统电子行业的萧条，

第四章 索尼公司：讣告

东芝总部的集团上层号召"复兴核能"：2006年，他们逐步收购了美国的核反应堆制造商西屋电气公司，为此他们支付了54亿美元的巨资，差不多相当于本地竞标者三菱重工和日立所出价格的两倍。但是接下来，2011年3月就爆发了福岛核灾难，随之，世界各地已经规划好的核反应堆项目暂停。同时，安全规定进一步加强，导致正在进行的核电站建造计划大多变得更为昂贵，其费用远远超过原来的预算。为了平衡核能业务中的损失，东芝高层推动集团其他领域业务的进展，想方设法想要提高盈利。这些规定都是完全不现实的，但是为了达成目标，处于压力之下的部门主管想到了"创造性"记账的手段。2015年春，经调查发现，东芝曾动用非法手段，编造了公司盈利的神话。

于是，日本国内涌现出了一桩巨大的丑闻。在这家昔日颇有名望的公司各位高层领导的邀请下，举行了一场致歉的新闻发布会。这一忏悔仪式可以称作中世纪耻辱柱的现代版，而日本公司上层对它的掌握臻于完美：在移动的摄像机前面，他们面带悔意，长久地深深鞠躬。只等他们的头埋到了正确的位置，媒体人手中照相机的闪光灯就一起聚焦到上面。如果说"澄清问题的争论"这一表述适用于某处的话，那就是在这里。原因是，对于本国民众来说，忏悔仪式经常比下列麻烦问题更加重要：此后要对丑闻事件承担哪些后果，或者压根就不承担。

对于东芝而言，那时候就开始有了一系列的"谢罪会面"。对于其他行业的公司来说，这个表达悔意的形式几乎已经成为公关工作的固定程式之一。原因在于，被掩盖起来的损失以及其他弄虚作假，直到切切实实的欺骗，都构成了一个正在衰老和萎缩的经济体的阴暗背面。这个经济体变得越孱弱，各个公司就越容易跃跃欲试地动用可疑伎俩，以制造出商业成功的假象。

仅2017年，不得不为非正当之举出面道歉的企业就有好几家：从汽车制造商东风日产和斯巴鲁，到钢铁集团神户钢铁公司，再到全球最大的特种纤维生产商化工企业东丽集团，都在其列。东风日产的员工让新车直接通过技术验收，尽管它们并没有达标。神户钢铁公司和东丽集团则对产品数据造假，以求符合大客户的规定。

所有这些丑闻大多都有个相同点：在被卷入的公司中，都充斥着集体服从的文化。没有人对上司提出任何怨言，即便是他们苛求员工实现一些其实无法达到的目标。这不单是

第四章 索尼公司：讣告

日本特有的现象，在企业志得意满地沉湎于现有成功而不思创新的其他地方，也可以窥见。在德国，柴油门丑闻即是明证，尤其是在大众汽车公司，员工沦落为命令接收者，没有人敢站出来表态，声明规定好的废气数值是无法达成的，工程师不是致力于研制具有更优性能的发动机，而是把创造力用于挖空心思地开发造假软件。

在东芝内部，亏损规模最终无法继续隐瞒下去。为了抵御亏损，集团不得不接连与自己曾有的招牌——告别：医疗器械业务出售给了本国竞争者佳能；家用电器业被中国公司美的收购；历史最为悠久的电视机业务计划转售给后者居上的中国公司海信。

但是新的困难堆积如山。在本国政界的压力之下，东芝这才利用核能扩大了自己的产业。从国家层面来看，核反应堆建造的技术诀窍务必得以保持。因为在接下去的几十年中，日本还要使用东芝的专业技术，以便协助回收福岛的辐射废料，以及处理几年后因为使用寿命到期而必须关停的其他诸多核反应堆。为了更大规模地聚焦核能开发，2016年，东芝通过美国子公司西屋电气之手，购买了一家研发核电站技术的美国科技公司，不过此前并没有仔细审查对方的账务，否则的话，东芝集团的各位经理应该可以发现新的收购会引来好几十亿美元的债务上身。2017年4月，东芝在美国宣布西屋电气公司破产。

为了从财政赤字中抽身而出，东芝最后只剩下出售其半导体子公司这条出路。因为安装在智能手机里的"闪存"芯片，东芝属于日本寥寥几个实际上已经为因特网时代做好了充分准备的公司。但这个集团缺乏几十亿美元的必要资金来投资新型芯片的研发。2017年10月，各大股东一致同意，将芯片产业出售给以美国金融投资商贝恩资本为中心的一家财团。借此，东芝计划兑现整整180亿美元的资金。然而，相关交易进展缓慢，一直拖延到2018年春。

很多日本人都把围绕东芝芯片业的谈判视为众多经济坏消息中的一条。相关事件又是如何给个人带来了磨难，这从下面这个人的经历中可以瞥见。桀冈富士雄是个典型的日本边缘人士，他颇有创造力，但像他这样的一类人经常得不到国民的认可。很久之前，他就已经不在东芝工作了。我曾在2017年初夏拜访过他，那会儿他穿着普通，全身上下没透露出半点跻身全球伟大发明者之列的信息：他身着一件穿旧了的羊毛衫，在陈设朴素的办公室里钻研技术，工作地点离

第四章　索尼公司：讣告

他位于东北部的家乡仙台的火车站不远。他已是 73 岁高龄，本来早就可以退休，但他仍然不知疲倦地继续朝着一个目标探究，那正是他毕生事业的动力来源：开发越来越薄、越来越小的微芯片。

桀冈请我落座，接着就立即说起东芝当下的危机问题。他对自己昔日的雇主颇为不满。他向我讲述了 30 年前在东芝开发"闪存"芯片的经历，那种芯片可以用来存储数据，而不必担心丢失，即使断电了也不怕。这项技术在今天看来再自然不过，那时候却不啻一桩技术突破。假如当时桀冈没有在东芝工作，而是为一家美国竞争对手效力的话，那么他可能会因为自己开创性的发明获得大量股权回报，一跃成为富豪。但事实并非如此，他孤零零地坐在这间了无生气的办公室里，看上去就是个垂暮的挫败者。

他从美国杂志上收集了一些过刊文章，文中都对他的发明予以了褒奖。"在日本，没人对我感兴趣，"他抱怨道，"我的上司无法赞赏我取得的成绩。"上层领导把他发配到一个职位上，一个让他觉得自己的天分完全得不到挑战的职位。在东芝工作的那些年，他没有得到开展研究真正所需的人手和资金。

1994 年，桀冈从东芝辞职，成了日本一所大学的教授。为一家外国公司效力对他那个时代的爱国工程师来说，是不可能的。"我可不想让东芝蒙受损失。"他说。尽管他个人对东芝失望连连，但是为外国公司工作，这对他来说就好像背叛一样。正因如此，眼下看到他协同打造的半导体业务沦为出售对象，才会陷入更深的痛苦之中。

当一个行业衰退的时候，刚开始经常几乎不会引起任何人的注意，就算是从业人员也不例外。半导体行业的情况也是如此。它的衰落早在 20 世纪 80 年代即已开始，而当时世界其他国家还在无限钦佩地仰望日本。具有讽刺意味的是，衰落的深层次原因恰恰跟当时日本取得的成功有关——主要由日电和日立等公司生产的存储芯片，即动态随机存储器，特别适用于当时流行的大型计算机。

日本制造的动态随机存储器不光物美价廉，而且特别耐用，其使用寿命最长可达 25 年，这一点提升了日本作为可靠技术之国的声誉。只是问题在于，大型计算机逐渐被小型的手提电脑所替代。突然之间，芯片的耐用性就不再起决定作用了。对于一台普通的手提电脑来说，它一般只需使用到下一次大型软件更新的时候，因此用便宜的芯片也就够了，

第四章　索尼公司：讣告

比方说美国对手美光科技公司或者是韩国三星集团大量供应的芯片。

日本原本应该在策略上做出新的调整：各大公司原本就应该专注于生产高性能的特种芯片，就像东芝工程师桀冈苦苦研发出来的那样。类似动态随机存储器的大宗产品，日本原本可以把它们转移到亚洲邻国。但是像东电、日立或三菱电机这样的集团反应太过迟缓，它们就像大型邮轮一样，在全速航行时无法及时地转向。它们太长时间地固执己见，在自己旗下尽可能多地推出各种产品门类，而不是与其他公司展开分工合作。

当各大芯片生产商发现它们无法凭借一己之力生存下去的时候，常常为时已晚。它们最终达成一致地合并，带有一些绝望的因素。东电这个曾经世界最大的芯片制造商，在1999年将自己的半导体产业与竞争对手日立进行了合并。一年之后，新公司更名为尔必达，2004年进入东京股票交易所。不过这家新集团缺少令人信服的策略。它给人的印象就像是：因为受到美国竞争对手特斯拉的威慑，戴姆勒和宝马想直截了当地合并现有工厂，而不去生产新的车型。尔必达的市场占有率急剧下降，2012年，该企业申请破产，最后，它被美国竞争者美光收购。

　　日本集团的另外一个集体救援行动虽然进行得不是那么可怜无助，但也没有那么光彩照人：2003年，日立和三菱电机将各自的一部分芯片生产业务合并，由此组建了一个新的公司——瑞萨电子，后来东电也参股进来。瑞萨也陷入了危机之中，成千上万的岗位被裁撤。尽管如此，这家公司仍然挺了过来，这要归功于丰田和东风日产这两家汽车生产商，他们大规模地买下了瑞萨的芯片，原因是这两家汽车制造商想要阻止其重要的供货商落入外国公司之手。在日本政府看来，瑞萨也许跟系统密切相关，最后政府出面协调，保证瑞萨得以被拯救。为此政府动用了一个在日本有着巨大产业政策影响的组织，即日本创新网络公司，它于2009年由日本政府建立，目的是保护经济奇迹中涌现的受人膜拜的公司，尤其是为了抵抗来自中国的竞争。

　　多亏实施了国家资本主义政策，瑞萨得以继续生产芯片。但该公司还需要等待多年，才能实现盈利。另外，它不会发展成为全球性的技术领先企业。如果把目光投向自主驾驶的汽车这个未来主题，即便是大主顾丰田也不会单单指望瑞萨一家公司，因为这个汽车生产商也在国外寻求技术诀

第四章 索尼公司：讣告

窍，比方说在跟英伟达展开合作——这是位于加利福尼亚的一家开发芯片组和图形处理器的公司，德国一些生产商也在跟它合作。

日本对中国保持警惕，并试着阻止本国技术的外流。这是可以理解的，在个别情况下也完全是有意义的。但是东芝和瑞萨的例子显示，当政府进行干预并实施产业保护政策的时候，公司未必会变得更有改革精神。尽管如此，日本人仍然保持着产业政策能够催生奇迹的信仰。这跟昔日传奇般的通产省在半导体行业发挥的作用不无关系。1976年，通产省推动了一个开发新一代芯片的项目，即所谓大规模集成芯片。借用大规模集成技术，就可以把数百个晶体管聚集到一张微小的芯片上面。在通产省的倡议下，各大公司方才联合起来共同生产芯片，后来通产省又让它们之间互相竞争。这一项目大获成功，它加固了日本官员的神话——只要涉及对未来产业的明确支持，他们就永远不会犯错。

然而，日本政界无法阻挡半导体行业的衰落。"政府大肆组织项目来挽救芯片产业，但其成效微乎其微。"一位颇有名望的芯片专家和作家——汤之上隆——这样批评道。很多工程师失业，有些带着自身的技术跳槽到了亚洲的竞争对手那里，尤其是去了三星——这家韩国集团曾经从夏普等日本生产商那里学到了芯片技术。三星由创立者李氏家族独断领导，能够对新的技术趋势做出飞速反应，还能分别提供必需的人力资源和生产能力。

与之相反的是，日本失去了方向。电子行业的高层尽管也经常谈及在德国人尽皆知的工业4.0等因特网一类的东西，但他们或是在抽象的理念当中，或是在技术细节中迷失了方向。有时候他们会想出一些荒诞不经的念头，让人不知道是该用疯狂来形容，还是该认为这是天才的想法。至少，当我看到另外一个著名的电子行业集团富士通开始种植生菜的消息时——而且是在一家被关停的半导体工厂，我会产生这样的感觉。我肯定要亲自去参观一下。

那家工厂位于会津若松市，该城位于东京北部，相距不到四小时的火车车程。当我2017年夏坐车去那里时，就在回想上一次跟富士通打交道是在什么时候。那是1996年了，也就是20多年以前。那时候富士通就已经在大肆宣扬，声称要走上创新的道路。在东京的富士通总部，我作了个调查研究，探究作为首批日本公司之一的富士通，是如何引入员工薪酬绩效制度的。当时，日本举国上下都在关注此事。传

第四章 索尼公司：讣告

言说是富士通找到了一剂良方，可以激励员工发挥更大的创造性。

富士通的公关部向我介绍了一位名叫今野信昭的职员，认定他是新型公司员工的代表人物。他34岁，自豪地向我讲述新的薪酬系统的优点。通过突出的个人努力，他在公司的五级绩效系统中获得了最高等级，作为酬劳，上司提高了他的奖金，比上一年多了一半。我跟他聊得越久，就越发获得以下印象：这个新的管理系统跟新理念几乎没有什么关系。这个模范职员尽管比以前工作得更加卖力，但他似乎也进行了自我剥削，下班以后或者是在周末，他也经常坐在电脑前工作。"谁要是生病的话，"他无所谓地说，"那就是没有掌控好自己的身体。"无论如何，在处理众多工作的过程中，今野看起来也没有产生什么新的念头。也许上级本该让他少干点活，以便提升他的创造力。

富士通种在芯片工厂里的生菜到底有何重要意义呢，对此我越发感兴趣了。我之前就了解会津若松市是个旅游城市，知名景点有一座城堡以及一座武士时代的露天博物馆。另外，该城市还因为历史悠久的漆器而著名。自20世纪60年代以来，富士通就在此地生产半导体了。据称，该城市的地理位置适合制造芯片，因为这里有很多洁净的水源。

出了火车站，我坐上出租车去了工厂，它离市区有点远。第一眼看上去，那家工厂跟所有的同类建筑别无二致。那是一间毫无特色的白色小房子，可以猜测里面会制造各种各样的产品，但就是无法想象会种植新鲜蔬菜。在入口大厅里，生产部主管宫部春康接待了我。他看上去也不像是跟农业打交道的人，戴着一副圆形镜片的角边眼镜，穿着件蓝色的网球衬衫，在衬衫左边的胸袋处，别着焊接好的公司证件，上面闪现着他的照片以及红色的富士通公司标记。

宫部把我领进了更衣室。原因是，即使这里不再生产芯片而是改种生菜了，跟以往一样，此地还是存在所谓净化室。为了让空间保持洁净，不允许我带入任何细菌或者灰尘。在宫部的指引下，我从头到脚地把防护服擦了一遍。接着，我迅速套上了一双橡胶靴，此前我还得用一种液体对它进行消毒。最后，我穿过一个风洞，让风把我身体和衣服上残存的尘粒吹掉。然后，我终于进入了净化室，一切都闪着绿光：在二极管灯光的照射下，生菜和菠菜从白色的塑料膜里长出来。左右两边立着摆满蔬菜的架子，高至屋顶。宫部看着手里的平板电脑，他是在控制输送给蔬菜的营养液的成

第四章 索尼公司：讣告

分，以及空气中二氧化碳的含量，还有湿度和气流。整个大厅里都安装了传感器，会不间断地收集和传送数据。

宫部53岁，大学里学的是电子专业。他告诉我，自己从没想过有一天会种植蔬菜，尤其没想过会在一家芯片厂里做种植。但是当上级把这个试验项目委托给他时，他也只是短暂地犹豫了一下，然后可以确定的是，他不得不服从，毕竟公司利益高于一切。

"每天我们要在这里种植3500棵蔬菜，"他解释说，"我们还必须提高这个数量，因为一直在不断地改进方法。" 2008年全球经济危机爆发以后，芯片厂起先是关停了三年。那时候对微芯片的需求突然如潮水一般涌来，普通芯片一下子鲜少有人问津，于是富士通不得不关闭多家工厂，其中就有位于会津若松市的这家。"设备的定期维护斥资巨大。"宫部说。最终，富士通高层想出了一个主意，在大面积无菌的净化室内种植蔬菜，使用的还是高科技手段——毕竟，他们是工程师，而非农民。

这听上去就像是科幻场景一样：利用一位日本教授研发的方法，富士通成功地大幅度降低了所种植生菜和菠菜的钾含量，以至于肾病患者也可以食用，而罹患这类疾病的人，原本是不得不放弃饱食生蔬菜的口福的。"对健康人群来说，这个净化室里种植的蔬菜也是有好处的，"宫部说，"因为它几乎无菌，至少可以存放两周而不枯萎。"蔬菜用透明塑料膜包装，食用之前无须清洗。而且，消费者也无须担心杀虫剂的问题。这间工厂里没有虫子，蔬菜上没有喷洒农药。

当我吃着蔬菜的时候，富士通的工作人员却在解释完美的蔬菜生产带来的技术挑战。他们带着同样对细节的关注，以及过去在这里制造微芯片的精准风范，现在追求的是开发出生菜的王中之王。富士通在乎的不光是对空荡荡的芯片厂进行经济利用，它记挂的还有为自己开创一个新的业务领域。要知道，富士通此外还在着手进军农业科技。在此，该公司倒是跟日本政府步调一致：政府正有此意，计划借助高科技来对老旧的农业实行现代化改造。在这方面，日本以荷兰为榜样，该国就曾对农业进行了高程度的合理化和工业化改革。相反的是，在传统的田地耕种方面，日本规划者已经看不到什么光辉的未来：农民的平均年龄已达67岁，越来越多的田地弃耕抛荒，因为缺乏必要的劳动力。

在东京西南部的港口城市沼津市，富士通经营了一家公司附属的试验农场。技术人员带领我参观一间温室，向我展

第四章 索尼公司：讣告

示如何计划利用集团的软件和硬件，以减少农民的劳动量：安装在田地和温室里的传感器，会将温度和湿度等农业数据发送到公司附属的云服务器上面。通过服务器，农民可以用智能手机或平板电脑调取相关数据。通过云服务器，顾客也可以收到相关信息，比如，蔬菜应该何时撒种、种植和采收，而无须每一次都亲自跑到地里查看。富士通进军农业，还有最后一个考虑，即是为其超级电脑、服务器服务和软件程序开发赢得新的买主。

还有其他一些电子制造商也在向农业进军。松下，这个以前主要因为电视机、录像机、洗衣机和电冰箱而被消费者熟知的品牌，同样也进入了蔬菜生产行业。该集团在新加坡经营着一家农业工厂，按照长远规划，它要向这个国家提供5%的蔬菜供应量。在其高科技种植园，松下这个生产商可以使用自己迄今制造出来的诸多产品，从二极管照明灯到吊扇都在其列。此处，可以窥见一个天才般的商业策略。但是也可以提出以下疑问：如果松下等公司专注于一两项技术的开发，会不会更好点呢？

电子行业的农业发展理念能否推广开来，还有待时日证明。在会津若松市曾经的那家芯片厂开展的试点项目，得

245

到了政府的慷慨资助。当生产部主管宫部带我参观工厂的时候，那时它还没有盈利。尽管富士通想出了众多点子来销售高科技蔬菜，比如通过网络、超市和特别订购等平台，还曾为一艘邮轮的乘客供应这一特种蔬菜。因为它特别耐久，所以非常适合用于远洋长途旅行中的膳食，宫部解释道。在日本南部发生了一场地震之后，富士通同样给无家可归的受难者提供了工厂里种植的这种蔬菜，再次证明，作为紧急时期的干净食物，这种蔬菜适用于遇难地区——毕竟那里的居民已经停电断水。

所有这些都很有日本风范：注重细节、个人投入、忠于公司以及芯片工程师的团队合作精神——他们在此为高科技工厂的生存一起奋斗。但是最终，对于富士通来说，重要的当然是利用原来生产芯片如今种植蔬菜的工厂挣钱。宫部所在公司的上层领导制订了计划，希望截至2020年实现上述目标。与我告别之时，他说："我们真正的工作还尚未开始。"这听起来差不多就像个座右铭，不光是针对富士通及其种植蔬菜的员工，对整个日本也是如此。

第五章
招贤纳士：生存策略

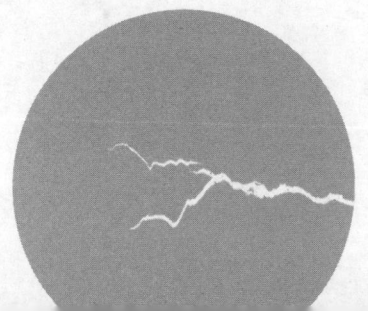

赌场资本主义

长野安广走到一扇大窗户前面。从这个地方,一座摩天大楼的 31 层,他可以越过大阪的海湾望到很远的地方。"那后面是梦岛。"他指着大海里凸出来的一块褐色的土地说道。这个所谓的梦岛是靠人工堆起来的,它由一条被用作集装箱码头的狭长海滨地带组成。吊车高耸,其后的水面在阳光下闪耀着粼粼波光,而按照计划,那些水域以后也要被泥土填满。长野解释说,到 2014 年,那里会耸立一座巨大的赌场和休闲建筑群,是微缩版的日本迪拜,有未来主义风格的酒店和会议厅,还可以停泊豪华游艇。

这一切都只是个规划,但长野被委托了协助实现计划的任务。长野是大阪市政府一位颇有经验的公务员,他曾经成功推进了某些项目，但眼下这个项目是他迄今最有雄心的。他穿着白色的棒球衬衫，头发中有一绺已是灰白色。他的办公室非常宽敞，一半以上的面积空空如也，显然大有扩充功能之意。在此他跟30名同事一起工作，包括构思、计划和招标。他们压力很大，因为大阪市和同名县政府官员对该项目寄托了莫大期望。

"项目完成后，我们预计每年接待大约1500万名访客，"长野说，"此地可能会涌现8.3万多个新的工作岗位。"据他估计，建成后的赌场和休闲建筑群每年会带来总计6900亿日元（约合53亿欧元）的经济收入。该人工岛将会大兴土木，使用大量的水泥、钢筋和玻璃，仅在建造时期，就可能带来经济发展。

计划能否实现，对此长野还无法确定。尽管日本议会发布了首次允许开办赌场的法案，但是相关细节还得通过一项实施法案来规定。虽然如此，大阪、东京、横滨和其他地区都在竞争，争取在当地建造第一批赌场。

开办赌场的想法是安倍经济学的象征，代表了这位首相自2012年年底以来施行的增长理念，试着用它来复兴正在老化的国民经济。因为经济无法再自行增长，所以国家就必

第五章 招贤纳士：生存策略

须给予必要的刺激。那些有玩世不恭倾向的人，可以想到的是，安倍经济学也是一场赌博，亦即赌场资本主义的一种官方形式。

跟国民埋头苦干创造实绩的日本经济奇迹时期不同的是，安倍的理念主要由它强烈刺激下产生的各种期望构成，而且期望还有待付诸实现。批评者声称，首相又吹起了一个大泡泡。原因是，最终给安倍政府的振兴经济的政策提供资金的，是日本中央银行。实际上，银行充当了国民经济发动机的作用。或者，还是用比喻性的语言来说吧：中央银行行动起来就像荷官，在日本经济的赌台上分发赌资。

在欧洲和美国，世界金融危机之后，各大中央银行也在再度推动经济发展方面扮演着越来越重要的角色。但是几乎没有哪家银行像日本中央银行那样，行动起来畅通无阻：在实施极度宽松的信贷政策的过程中，它源源不断地把新的资金投入经济循环之中。有段时间，少有的资金增长让本国货币日元对欧元和美元的汇率一再下降，随之也降低了出口价格。

而这一点正是计划之中的。日本央行实行较为宽松的资金政策，唤起了投资者的期望，让他们觉得这首先可以再次提升出口公司的利润。其结果是，东京股票交易所的牌价不断上升。最终，按照安倍经济学的理论，各大企业就会再次扩大投资，给员工支付更高工资，而员工又会增加支出，扩大消费。问题的关键在于要开启良好的经济循环。在央行的帮助下，国家要赢得时间，以便放松和改革各项法案、规定和框架条件，让经济再次自发增长。安倍首相声称，他的策略由"三大主轴"组成：积极的财政政策、宽松的货币政策以及结构性改革。

恰恰是安倍晋三成为一个经济救世学说的命名者，这在一开始可能让他自己也感到震惊。因为，很久以来，他并不是以其竞争政策出众的，在更大程度上，他是以极为保守的内政和外交政策而闻名。他追溯至带有神话光环的过去，打算把日本重新打造成一个"美丽之国"，一如他在其最重要的著作的标题里断言的那样。为了达到这一目的，他尤其想要修改1947年通过的战后《和平宪法》。在他2006年第一次担任首相之时，就已经在朝着这个念兹在兹的政治目标努力。但是仅仅一年之后，他就出乎意料地下台了。政治失利让他元气大伤，慢性肠道疾病也折磨着他。那时候，举国上下对安倍的急剧失势大感惊讶。在这样一个就连兼职劳动力

第五章 招贤纳士：生存策略

都可以尽职尽责甚至牺牲自我的国度，国民就是无法理解这位首相。作为政治家，安倍给人的印象是永远过气了。

日本国民陷入了深深的不安之中，他们期盼困境中会出现一位救世者。与后来的美国或者德国不同的是，日本没有出现类似美国唐纳德·特朗普或者极右翼政党德国选择党上台的情况，毕竟这类民粹主义在日本也几乎不成气候。比之西方社会，日本这个岛国的民众更能经受得住这方面的影响，其主要原因也是在于，日本的种族和文化相对同一。日本是一个群体社会，高度重视共识，他们宁愿自行无所作为，也不要受制于一个民粹主义者或者煽动大众的独裁者。即便是在二战期间，如前所述，日本也没有出现希特勒式的人物。战争结束以后，日本施行了高额遗产税，以确保本国社会差距的拉平程度比西欧和美国高得多。由此，日本很长时间都缺乏社会敌对力量赖以滋生的土壤。

尽管如此，2012年年底，在经历了全国范围内长达五年的危机，以及同样众多失败的政府领导更迭以后，日本国民已经疲惫不堪。再也不可能出现比之更糟糕的状况了。由此可以解释的是，糟乱状况恰恰给了安倍第二次机会。就好像从未离开过一样，已经失去民心的前首相重回政坛，承诺

"重建日本"。他说话的架势，就好像知道该如何把停顿不前的汽车重新发动一样。他演说时的语气显露出满满的信心，引发了很多绝望国民的共鸣。

在2012年12月的下议院选举中，选民让安倍及其自民党取得了压倒性优势的胜利，这在日本政界可是一次史无前例的复出。安倍在自己身边安置了新的顾问，主要是滨田弘一，一位头发雪白的知名日本经济学家，他曾在美国耶鲁大学任教，成为极度宽松货币政策的权威代表。

在外形上，安倍也对自己进行了新的打造。他一直以来都留着分头，就好像是胡乱贴在脑袋上一样，现在把它梳得立了起来，显得颇有活力。在医生的帮助下，据说他服用了新的药物，肠道疾病也得以控制，不会再影响执政。经过练习，他也掌握了一种新的演说技巧：他讲话时会颇有政治家风范地举起食指，不再像以前那样频繁地语无伦次。

不过，最主要的是，安倍明白了国人对政府领导人最期待的是什么：复苏经济。日本先要壮大经济，然后才能进行安倍所考虑的军事武装和道德教育。他的货币政策也引起了国际金融界的注意。尤其是英美国家的经济学家认为，在安倍经济学里了解到了一个可能的模型，可以用来推动正在衰

第五章 招贤纳士：生存策略

退的成熟工业社会的经济复苏。安倍经济学构成了一个反面规划，尤其是相对德国的经济紧缩政策来说，面对希腊等南欧债务国，默克尔总理那时坚持推行节约举措，招致猛烈的抨击。曾经获得诺贝尔奖、担任《纽约时报》专栏作者的美国经济学家保罗·克鲁格曼，夸奖安倍"终于迈开了日本早该迈出的一步"。

自从日本经济泡沫破裂以来，自民党采取了一些经常性的行动，此外还有一些新的规划（如果说安倍本人早已成为历史的话），与之相比，安倍的所作所为并没有多大的改进：他往本国经济里投入了大量资金。另外他还资助那些大兴土木的大型项目，就像官员长野及其同僚在位于大阪的宽敞办公室里规划的赌场建筑群一样。他们构想中的位于大阪湾的梦岛提供了一个教学示例：如果国家层面的规划者尝试为了经济增长的目标而制造出经济增长，那么它会通向何处。

计划在上面建造赌场建筑群的梦岛，早在20世纪70年代就已经堆满了垃圾。它是大阪湾中的几个人工岛屿之一。长野接待我的那幢管理大楼，也是位于一座人工岛上，它跟梦岛之间通过一条汽车隧道连接起来。早在几十年前，就有计划要在岛上建造新的住宅和商业区，为当时还在增加的居民提供住房，以及满足当时仍在不断扩大的工业需求，然而，20世纪70年代初爆发了石油危机，规划者一下子变得手足无措，不知该如何处置新堆起来的人工岛上的场地。

两座人工岛屿变成了露天博物馆，展示着没有实现的梦想。有段时间，市政府高层希望在此地建立一个奥运村，为日本申请举办的2008年夏季奥运会提供场地。但是接下来得到了大阪申奥失败的消息，人尽皆知，北京获得了这个机会。后来，日本就在其中一座岛屿前面的大海里建了一座博物馆。"我也参与了这个项目。"长野说道，同时指向大海里凸起的一个巨大的玻璃穹顶。从他的声音里，可以听出两种互相矛盾的感情交织在一起，既有自豪，又有羞耻。原因是，这个出自法国明星级建筑师保罗·安德鲁之手的海中博物馆，如今已是空空如也，在它2000年大张旗鼓地开业时，本来计划是让它成为一道奇观的：为了抵达展厅，参观者必须穿过一条隧道，通过它的玻璃盖顶，可以看到鱼群在头顶的大海里游来游去这样一幅美景，此外，还可以参观到一艘日本历史上货运帆船的仿制品。尽管如此，这一切还不足以长期吸引足够的客流量。2013年，这家博物馆关张了。

于是，长野计划采取下一个计划，即建造赌场建筑群，

第五章　招贤纳士：生存策略

吸引具有强大消费力的客源来到人工岛上。他的身份是官员，严格执行上级托付的任务。他说，政府层面只是注入动力，至于发展，则要靠后来的私人投资商努力。与此同时，大阪还在申请2025年世博会的举办权，这已经是第二次了，因为该城市1970年举办过一次。按照计划，博览会的馆亭也要建在人工岛上。日本政府已经发出信号，表示会为举办世博会的申请提供支持。

　　在安倍经济学的框架下，只要听上去有点新发展动向，很多理念都会有机会实施。一时之间，日本国内又涌现出了万象更新的局面。在2012年12月安倍再次当选之前不久，政府就打算投入新一轮的巨额经费，这推动了国内金融市场的繁荣。安倍宣布，计划斥资20.2兆日元（约1560亿欧元），用于道路、桥梁和其他公共设施的建造；足有一半的振兴经济的规划直接由国家财政拨款。由此，日本实际上就回到了20世纪90年代的振兴政策。虽然该国的负债额已经大过其经济总量的两倍，但是跟希腊等其他国家不同的是，日本的大部分债款都是从本国人民手上借的，日本国民不再信任本国政府而卷着自己的存款逃往国外这样的危险可以说是微乎其微。

安倍最重要的政绩之一，是任命了一位新的央行领导，名叫黑田东彦，严格执行安倍的既定路线。这位昔日的金融官员外加亚洲开发银行前行长，宣布对"其他方面"执行宽松的贷款政策，由此刺激了国内金融市场的繁荣。他果断承诺要让日本在两年内摆脱折磨了它数十年的温和通货膨胀。安倍计划兑现这一承诺，其方式是给日本规定了2%的官方通胀目标，这也是他那位倒霉的前任宣布过的。

之所以执行更为宽松的货币政策，这跟心理学息息相关：按照安倍的理论，因为期望看到价格上涨，黑田精工等公司终于开始动用它们自从经济泡沫破裂以来积聚的巨额储蓄。如果公司开始往新的工厂和岗位投资，税务收入也会大幅度增加，于是国家就可以拿这笔资金来整顿财政。

黑田发誓"竭尽所能"，以达到既定目标。中央银行的宣布一经发出，就引发了大肆印发钞票的结果。为了让货币流通翻倍，央行开始每个月购买7兆日元（540亿欧元）以上的国债，这大概相当于黑田那位小心谨慎的前任在位时期的两倍。将来，日本央行计划购买70%左右的国债，由此压低债券的利润率。

起初，这一策略似乎起了作用。虽然批评者声称，即

第五章 招贤纳士：生存策略

便不采取相关策略，世界金融危机爆发后的第五年，振兴经济的局面本来也可能恢复，但毋庸置疑的是，实施这一策略后，当时的经济状况确实有了明显好转。在东京和其他大城市，证券公司举办各种研讨会，投资者可以借此了解哪些股票因为安倍的政策而最有可能增值：尤其抢手的股票来自那些可以从国家项目中获利的建筑公司，以及那些因为日元的低汇率而受益的出口企业。

  现在，钢铁加工和设备制造等传统行业再度进入投资者的视野，而在网络时代，它们其实已被很多人抛诸脑后了。安倍给人留下的印象是，他能够带领日本重回经济奇迹的年代：作为日本这个"股份公司"的"首席推销员"，他跑遍了整个世界，对外输送日本生产的核电站、铁路和潜水艇。为了争取潜在客户，他采用了提供高额贷款和出口担保等方式。

  引人注目的是，安倍涉足的地区，不光有亚洲，还有拉丁美洲和中东地区。只是有一点：比之相对来说人力成本较低的中国，人力费用昂贵的日本从一开始就处于劣势地位，何况其人口呈现老龄化和减少之势。在贷款条件方面，从长期来看，日本也无法比得上外汇储备丰富的中国。在印度尼西亚这个自20世纪50年代以来就大半被日本公司内部瓜分的出口市场上，也可看到日本不是中国的竞争对手：2015年，中国赢得了建造一条高速铁路线的订单，由此，向日本证明，日本这个国家本该更专注于高科技更高阶段的开发。

新经济奇迹的幻觉

首先,安倍让人觉得他几乎是有魔力的。他生动地描绘了这样一个日本:它在很多人心目中已经渐行渐远,而现在又自信满满地报告自己回来了。在一次参观纽约股票交易所时,他挥动着木槌,引发了电视观众的注意,开始推销。他用英语呼吁全球投资者买下他的货币政策:"购买我的安倍经济学!"

在日本国内,安倍也以现代化改革者的形象示人。他的内阁里有五个位置由女性占据,这在男性主导的日本不啻一个引发轰动的现象。他承诺过,要创造一个"女性闪光"的国度。安倍印象的转变得到了妻子昭惠的支持,她在公共场合发言,对一个日本政治家的配偶来说,其观点听上去有着非同寻常的自由主义色彩。她自称为先生的"家庭反对党",甚至不揣冒昧,在东京开了一家居酒屋。

这家居酒屋名叫"UZU"。它位于东京神田街区一条不起眼的巷子里面,藏在一家改建过的楼里,以前那里是一家印刷厂。2015年春的一天,我跟安倍夫人约好在"UZU"见面。我进入居酒屋时,看到她在一张方桌旁边等我,从那里她可以将柜台和店里的其他地方尽收眼底。两名年轻的厨师正在烹饪绿色大米以及其他特产,这些都来自山口县,那是她丈夫所在的选区。

安倍夫人说,她丈夫还从未造访过她的居酒屋。看起来,先生对她的创业项目并不感兴趣,但是,当初她向丈夫透露相关计划时,他也没有反对。安倍夫人说,先生答应让她开居酒屋,不过有两个条件:第一,在她自己的居酒屋里,她这个与滴酒不沾的丈夫安倍形成鲜明对照的酒徒不得饮酒;第二,居酒屋不能出现营业亏损的情况,否则必须关门。

"UZU"成功了。首相夫人的居酒屋啊,肯定很多人都想光临的。在政治上,无论是安倍先生还是安倍太太,都长时间地从"UZU"获利了:借助这家居酒屋,安倍夫人帮助

第五章 招贤纳士：生存策略

丈夫间接弱化了他老气的形象。因为她引起了潜在选民的兴趣，尤其是那些几乎从未选她先生的年轻女性。她本人也塑造了被认同的现代日本女性形象，面对丈夫抗争，同时还要面对那个强势的婆婆——这位老人跟没有子女的安倍夫妇住在同一幢公寓里，据说对儿媳开居酒屋很不以为然。

显然，安倍昭惠现在非常享受的是，在她丈夫的第二段执政时期，她从政治婚姻的传统桎梏中解放了出来，扮演了自己的角色。在丈夫经历了第一次失败的执政，进而销声匿迹以后，她就饱受折磨。因为那时候不光是安倍先生成了边缘人，他的太太也觉得自己沦为一个备受唾弃的人。"我完全被打败了，忌妒地旁观着他人有多么幸福。"她告诉我。

安倍昭惠出生于一个知名的甜食企业主家庭，直到嫁给安倍前，她一直在一家大型广告公司工作。很长时间，她在婚姻生活里都扮演着屈从于丈夫的角色：当他在东京忙于政务的时候，她就帮忙处理选区的事务；他出国访问时，她就牵着他的手站在旁边。但是在安倍首相声望下滑的这段日子里，夫妇关系的重心有了一点偏移，至少呈现出这个迹象。现在，令人吃惊的是，安倍夫人做得过分出格了。尽管发生了福岛灾难，但安倍首相仍在固执地推进核能重启，对此安

263

倍夫人发出了质疑的声音。为了抵抗今后可能出现的海啸，日本政府建起了一面巨大的洪水墙，让东北海岸好几百千米得以加固，对此也有人提出批评，而这些批评者也得到了安倍夫人的鼓励。她还参与了东京举行的游行活动，为同性恋人群争取权利。

  但首要的是，她支持丈夫的努力，创造一个"女性闪光"的社会。首相最为念兹在兹的是，动员日本女性投身就业市场，由此削减老龄化日本社会的从业人员缺乏。不过，在"UZU"这里，也就是安倍夫人的居酒屋里，安倍的政策听起来就好像是在说，日本可能会进入一个男女平权的时代。安倍夫人说："很多女性都很感谢我，因为她们觉得受到了积极行动起来的鼓舞。"这让她倍感开心，她说。为此，她在自己的脸书账号上发布非常私人化的动态，也在居酒屋的楼上开设了一所"学校"：女性朋友可以在那里聚会，举办各种报告和研讨会，讨论家庭、婚姻、育儿和职业等各类问题。而安倍昭惠自然想要成为这方面的楷模：她强调说要坚持己见，由不得任何人说三道四，不管她是否受到批评。

  安倍首相的批评者经常说，跟这样一位招人喜欢而又不拘小节的日本女性结婚，按理说不会那么保守，至少，如

第五章 招贤纳士：生存策略

果大家通过安倍夫人来认识这位首相，上述印象就会油然而生。她透露说，首相在家甚至都会把垃圾带出去放在门口，就连他放在保温壶里带去上班的茶，也不再劳烦夫人动手了，而是亲力亲为。"最近，这些事他都是自己做好。"她说。拜访过安倍夫人以后，我认为日本首相不光有可能把他的婚姻从传统束缚中摆脱出来，而且还能让整个国家免除这一桎梏；他不但会引发短期的经济繁荣，而且就像他承诺过的那样，可以让国家在结构发展上面向未来，以便形成持续发展的局面。

事后，我必须说明的是，安倍夫人所谓的自由主义给我留下了太过深刻的印象。当时我没想到的是，在一定程度上，她同时又承担了为丈夫的保守委托人服务的任务。她参拜过靖国神社，也就是东京的那座战争纪念馆，在那里也将1948年被审判的二战主要战犯作为神道教神祇供奉起来。当时，安倍首相本人无法前去参拜那个饱受争议的日本国家主义朝圣地，否则就会引发国际抗议。他最后一次参拜靖国神社是在2013年12月，不顾亲密顾问的反对。安倍此举不光引起了中韩两国的抗议，就连盟友美国也对此表达了深深的失望。

也正是因为这个，此后就不再是安倍首相，而是其夫人去参拜那个颇具争议的神社，其意图是慰藉安倍的那些有着国家主义倾向的拥趸。他们中的很多人都加入了"日本会议"，众多部长也是该组织的成员。这个由顽固派成员组成的组织，打算从精神和道义上重新武装日本。特别的是，该组织要求日本在面对二战中饱受本国战争罪行折磨的亚洲邻国时，停止进行"羞辱性的致歉外交"。

后来，安倍夫人被提名为大阪一家学校的名誉校长，该校由拥戴她丈夫的一个爱国者计划修建。新修的学校原本计划叫作"安倍晋三纪念小学"，按照昔日天皇帝国的臣仆精神来教育学生。该项目于2017年宣告失败，因为后来遭到曝光的是，校董会在购买建筑地皮时，政府提供了8亿日元（600多万欧元）的价格折扣。这桩丑闻让安倍政府在2018年4月陷入了迄今以来最大的危机之中。其原因是，逐渐浮出水面的内部文件备忘录显示，官员给予校董会折扣，正是考虑到了安倍夫人的意愿。但是在提交给议会的文件中，有关首相夫人的暗示都被系统性地撤出了。安倍首相否认他或他的妻子让人对项目施加了影响。

相关批评在议会和媒体界持续了数月之久。民意调查显

第五章 招贤纳士：生存策略

示，安倍的拥护度在下滑。现在，他的夫人也不再是自由主义的希望之星了，在更大程度上，她成了丈夫最大的政治包袱。她很少在公众场合露面，即便出现，也多半是以乖巧的伴侣形象站在丈夫身边。

最晚到这个时候可以清楚地看出，安倍首相的备受拥戴是建立在误解基础之上的。日本国民原本期望他能推动经济现代化的进程，这就好像是正在衰老的日本社会走向年轻化的一个魔咒。但他们却忽视了：对于安倍这个命名者来说，他倡导的安倍经济学只是一个达到目标的手段。利用极度宽松的货币政策来刺激新的股票和金融泡沫产生，这对于安倍来说已经满足，他并没有利用争取到的时间从根本上革新经济和社会，而是经常转向他实际上的心之所系：扩充军备和修改宪法。

岸信介的遗嘱

　　安倍晋三实施保守政策，这就跟其外祖父、人称日本的阿尔伯特·施佩尔的岸信介的遗嘱挂上了钩。岸信介毫无间断的人生履历表对于战后日本来说再典型不过，它显示他在20世纪50年代末曾出任首相。实际上，他当时设计出了相关蓝图，后来被他的外孙用来进行政策定位，以期"重建日本"。早在岸信介执政时期，他就努力想要修改1947年实际是由美国主导通过的《和平宪法》。岸信介及其国家主义信徒主要是想修改宪法第九条，或者最好是将它完全删去：这一条规定日本承诺"永远放弃以国家权力发动的战争"，以及"不保持陆海空军及其他战争力量"。然而，第九条越来越与事实相悖。因为实际上日本为了维持

第五章 招贤纳士：生存策略

所谓自卫军队，仅在 2016 年就耗费了超过 460 亿美元的资金。在世界各国军队开支方面，日本排到了英国之后德国之前。

尽管如此，岸信介心心念念的宪法修改仍然以失败告终：日本国民对军队已经受够了，尤其是与军队相关的事宜。这一点直到今天也没有什么改变：尽管日本人民坐享美国提供的核保护带来的安全，也对自身军队的存在心满意足，但是他们并不想放弃自己的和平主义；然而在战后的 70 年里，岸信介成了日本国家利益至上的代言人，在日本民众的集体意识里，他的名字是与经济奇迹紧密相连的。

安倍晋三却有不同看法。作为首相，他致力于将其外祖父的遗嘱逐步付诸实施。2014 年 7 月，安倍的内阁通过决议，直接对宪法做出不同于以往政府的解读。本国军队被批准授予"集体自卫"的权利，个中含义在一年后推出的一系列安全法案中加以阐明。尽管本国大多数宪法律师对那些法案持反对意见，但首相还是通过议会强制实施：议会首次赋予了日本向外派遣军队的权利，即便是要受到苛刻条件的制约。

由此一来，日本就可以在美国发生战事时对它施以援手。与美国交战的地区不仅可能会是东亚，比如看起来极有可能的朝鲜，遥远的世界其他地区也有可能成为美国的战场。从欧洲角度来看，这从根本上说再自然不过：在北约组织中，公约第五条就规定缔约国有义务在发生战争时共同作战。然而，安倍对现行宪法坐视不理的无所谓态度，让人怀疑他对法治国家理念的看法。在本国军队被批准授予"集体自卫"的权利以前，副首相兼财政大臣麻生太郎就对安倍政府所用的手段做出了如下暗示："在引起大家注意之前，德国的魏玛宪法就被改动了。为什么我们不学学这个方法呢？"虽然这位大臣后来收回了这句言论，但它反映了政府内部越来越占上风的独断专权的意志。

在强化军队作用的努力过程中，安倍指出这也有来自外界危险因素的考虑：比如，朝鲜推出了核计划。在日本看来，朝鲜的威胁姿态在2017年夏天暂时达到了顶峰，仅在几周之内，这个国家就越过日本北部主岛北海道，向太平洋地区试射了两颗导弹。以此为契机，安倍继续扩大军队力量。但是从长远来看，日本不再那么畏惧朝鲜，尤其是朝鲜在2018年春突然转向与日本缓和关系，并对美国及其盟国发起了让它们感到震惊的魅力攻势。日本在亚洲的实际对手

第五章　招贤纳士：生存策略

名叫中国。

中国GDP在2010年超过了日本，成为世界第二大国民经济实体。2012年，日本政府从私人领主手里购买了五个颇有争议的岛屿中的三个，引起了中方的激愤抗议。

与中国之间形成的紧张局势对日本提出了一个重要问题，即日本还可以依靠来自美国的庇佑多久。这个西方超级大国，越来越呈现出世界警察这一角色遭到挑战的趋势。多年以来，美国就逼迫日本为自身防御承担更多的责任，而且也要积极参与全球事务。后来，随着唐纳德·特朗普2016年11月当选为美国总统，日本政府就越发怀疑其保护国的可靠性了。还在竞选之时，特朗普就指出，鉴于美国的弱势，日本和韩国可能会自行购买核武器。这对日本来说差不多就是一个要求，即敬请日本自行防御。2018年3月，让日本大为震惊的是，特朗普宣布要与金正恩会面，此时日本国内一度出现恐慌，害怕美国可能会越过本国人民，与朝鲜达成从韩国撤军的意见，而相关空缺接下来可能会由中国填补。一个古老的创伤变得历历在目：有史以来，日本战略专家都把朝鲜半岛比作一把向本国直刺过来的"匕首"。

日本面临着生死存亡的问题：一方面，从长远来看，它该如何在中美两个大国之间进行自我定位。虽然在历史上，日本一直都是从实用主义的角度出发，以当今最强大、最现代的美国为导向，同时又从未放弃自己的文化，但是要日本在 21 世纪放弃效法美国，转而把中国当作典范，这也几乎不可想象。

另一方面，美国对待日本的态度也越发粗暴，在经济关系上也是如此。2017 年上台之后，大肆渲染"美国优先"政策的特朗普就立刻宣布了已经规划好的跨太平洋伙伴关系协定：美国与日本以及其他 10 个太平洋地区的国家签订了自由贸易协定，这是日本的安全政策以及经济增长战略的一个核心要素。借助跨太平洋伙伴关系协定，日本本来计划限制中国不断增长的影响。但美国对此表示反对，这也让日本清楚地认识到它最终在亚洲将会多么孤立无援。2018 年春，在没有美国参与的情况下，日本成功敦促其余的成员国签署协定，这可以算是一个小小的慰藉。原因不言而喻：美国越来越在双边关系层面对日本施压。

不过，考虑到中国的话，日本现在除了切实依靠其保护国美国，几乎也没有其他出路。特朗普大选获胜以后，安倍

第五章 招贤纳士：生存策略

作为首个外国政府领导人赶赴美国拜谒。因为安倍急吼吼的样子，他遭到了国内外的讥诮。但如若不然，他又该怎么做呢？他在地缘政治方面几乎没有什么行动余地。跟德国不同的是，日本没有欧盟或者北约之类可以托付的靠山，只有美国可以依赖。

同时，安倍加强了对日本道义上的武装。在他第一次执政期间，就已经倡导"克服战后体制"，但即便是他本人好像也无法总是能搞清楚他的这个倡导表达的是什么意思。无论如何，对于日本1945年战败以来社会政治领域发生的诸多变化而言，安倍及其拥趸都会采取本能的抗拒态度。对于安倍政府来说，最大的丑闻是准备修订1947年宪法引发的事件。安培让国民看到的，当下的日本似乎是一个以19世纪明治时代的权威主义价值观为导向的社会。这一点在2012年自民党提交的一份新宪法草案中就有所暗示：该草案再次把国家及其利益置于个人之上，在前言中把"日本国民"替换成了"日本这个国家"。自民党努力创造的不是西方意义上的公民社会，而是打上了儒家烙印的集权国家。

安倍支持修正主义视角的历史观。前任政府曾为日本不光彩的战争历史所做的道歉行为，一度再次被他质疑。举例来说，适逢日本投降50周年之际，曾有一位内阁总理秘书对征用数千名慰安妇的行径表示遗憾，对那些在二战期间被日本军方强迫提供性服务的各国妇女道歉；然而，如今安倍政府发起了一场新的讨论，讨论当时的道歉行为是否合适。这大概就像是德国默克尔总理在几十年后让人去审查一下维利·勃兰特1970年在华沙的屈膝是否有正当性一样。

对于同日本结盟的美国来说，安倍的修正主义也太过了，美国担心的是日本与韩国的军事合作可能会因此受到不良影响。在美国的高压之下，日韩在2015年达成一致，表示愿意"最终而且不可逆转地"解决两国之间有关慰安妇的双边纷争。但这一和解并非出自真心。过了两年，文在寅当选韩国总统以后，有关慰安妇的和解协定又遭到了韩方的质疑。

为了推动与韩国达成谅解，安倍首相本该让自己表现出谦恭的姿态，就像他2016年12月在美国海军基地珍珠港面对美国人所做的那样。适逢日本偷袭美国海军75周年之际，安倍对美国受难者表达了"诚挚而且持续到永远的"哀悼，即便当时"歉意"一词并未说出口。不过，要与韩国民众达成和解，则需要措辞清楚得多的悔罪之语。在相邻的韩国，

第五章 招贤纳士：生存策略

对昔日殖民国日本的怨怼深植人心。

当政客们谈到历史的时候，所指的不光是过去。这里涉及的问题是，他们会从历史中吸取对当今和未来有益的教训。安倍采取的历史政策方面的手腕显示，日本战后原本也是迟疑进行的民主化过程，对于他来说已经走得太远。有时候，他甚至让人不禁产生不情愿效仿美国这样一种印象。他显然相信的是，可以通过限制公民权利来让日本变得更为强大：他就这样通过了一项针对举报人的法案，规定泄露国家机密的行为会面临最长十年监禁的判决。在原本就有自我审查倾向这一传统的日本媒体界，为数不多的几位有着批判意识的记者越来越感受到了重压。"如果政府说'向右'，我们就不能说'向左'。"由安倍任命的日本公共广播电视台——日本放送协会的主管这样描述业内的主导思想。2016年11月，安倍在纽约的特朗普大厦拜访刚刚当选的美国总统，那时他肯定也提及了对方与《纽约时报》之间的敌对状态，并自卖自夸地说曾"强迫"日本自由主义倾向的报纸《朝日新闻》就范。他希望特朗普也可以针对《纽约时报》获得同样的成功。2017年，安倍强行通过了一项遏制计划中的严重犯罪行为的法案。据称，这些新的严苛规定大有必要，因为

2020年东京奥运会开幕在即，必须防止恐怖袭击发生。批评者则提出反对意见，认为该法案为日本成为监控之国铺平了道路。

安倍所在的自民党，则被他日益改造为一个唯唯诺诺的组织。这是个新现象，因为该党自1955年建立以来，内部就有两大意识形态阵营分庭抗礼：一方是保守派，就像安倍的外祖父岸信介那样，致力于重新建立一个军事力量强大的日本；另一方则偏向和平与自由主义，以昔日首相田中角荣为代表，满足于推进日本经济实力的增长。在安倍的执政下，后一阵营的力量大幅缩水，直至无足轻重。

可以肯定的是，1955年以来几乎毫无间断地执政的自民党，自然无法跟西方的人民党相提并论。自民党是作为强大利益集团的目的联盟形成的，随后其上司轮换担任政府首脑。但是在安倍的治理下，自民党内部有关未来问题的辩论之声一再衰竭，最后到了即便是对于日本国情来说也显得微弱的程度。议会反对派也几乎不起什么作用了，它毫无希望地陷入分崩离析的状态。

有鉴于此，很多日本人早就不再对政治寄予希望了，甚至只有约一半的选民去参加投票。尤其是在社会的底层边

第五章 招贤纳士：生存策略

缘，相关人群穷困潦倒，孤立无依。被日本政府视为生死攸关的重要项目，从宪法修改到核电站重启，大多都与日本人的日常生活相去甚远。

我在 2016 年夏参观一家接收东京赤贫人士的收容所时，就意识到了上面所说的现象。该机构叫作"希望之家"，位于首都东京东部的三谷城区。收容所由天主教神学专业出身的神父山本雅纪修建，他动用了自己的存款、社会各界捐助以及银行贷款，选址是在一家破产的洗浴场所的基地之上。

当我抵达三谷时，已是下午两三点的光景，台风的支流吹过东京上空，乌云在天边翻腾。在被雨淋湿的巷子里，扑入眼帘的是形销骨立的男人们，他们看起来比估计的实际年龄苍老得多。很多人手上提着小塑料袋，里面装着少得可怜的所购之物，或者是其他家当。他们栖身在破败不堪的住所，自己命名其为"商务酒店"，这样的"酒店"在此地不计其数。但即便是这样的投宿之地，很多人都承担不起，另外也是因为越来越多的外国游客发现了这片地区的住宿机会。游客经常成群结队而来，身后拖着看上去簇新的拉杆行李箱。旅游业是日本国内寥寥几个还在增长的行业之一。越

277

来越多的外国游客拥入日本，主要来自中国，被吸引而来一方面是因为入境规定已经简化，另一方面是由于日元的汇率下降。正如昔日为工厂规定产量一样，日本政府发布了越来越雄心勃勃的客流量目标：直到2020年夏季的奥运会，日本计划每年吸引4000万名游客前来，这个数字比2016年差不多翻了一番。有些日本人因为再也无法支付上涨的住宿费用，于是就退至荒郊野外的公园，蜷缩在蓝色塑料防水布下面或是在纸箱里栖身。睡前他们还把鞋子整齐地摆放在栖身之处的前面，即便是在贫困潦倒的情况下，他们也注意清洁卫生。

长时间以来，三谷城区住着很多打零工者和无家可归的人，因此这里也被称为贫民窟，但是，这一称呼具有欺骗性：与世界其他贫民窟相比，这里的贫困人口活得相对安全而且舒适。但这一点没有改变日本其他群体多半早已忘记这些穷人的事实。但正是这些贫苦人口，曾经领着微薄的工资，在日本经济发展较好的时期架桥筑路，同时还在其他方面帮忙维持着整个国家的运行。

在"希望之家"里，山本在一间建在顶楼上的小教堂里接待了我。他53岁，长着一张和善的圆脸。神坛上放着

第五章 招贤纳士：生存策略

小相框，展示的是山本这么多年来陪伴归西的260位亡灵中的一部分。死者大多是男性，看起来苍老而孤独。山本说："我会退避到这里祈祷，或者只是来这里哭泣。"只有这样，他才能忍受每天的痛苦经历。"当我看到逝者的面孔时，我就体会到他们的感谢之情，这给了我继续积德行善的力量。"他说。

这家收容院有21张床位，山本跟多个助手一起照顾三谷区那些病入膏肓的居民，因为他们已无力支付进入护理院的费用。他向我介绍了其中一些病人：一位之前开过酒馆的女士；一位做过旅行推销员的男士；还有一位头发花白的老先生，以前是个歹徒，如今已经不能讲话，但握手时力度还是很大。山本想帮助他们有尊严地走完生命最后一程，而不是倒毙街头。他让这些人住在单间里并照料他们——从医药方面和心灵方面。收容院狭小得很，山本不得不拒绝很多濒死之人。但他还是想在这里树立一个榜样，为整个国度发挥表率作用——在这个国家，大家喜欢藏在客气礼节背后，但实际可能冷漠得令人发指；在这个国家，多半只会考虑自己那个群体，而不管他人死活。山本对现状不抱幻想，他说："要照顾本国的老弱群体，日本已经力不从心。"因此，他认为只有一个解决办法:"要帮助穷人,我们并不一定需要更多的钱,需要的是同情和友爱。"

接下来,他又说了一句几乎让我毛骨悚然的话:"您有幸了,今天我们这里正好有人去世。"不过,对于山本来说,死亡就是日常生活的一部分,他不惧怕开诚布公地谈论它。他想利用这个机会向我展示,他们在"希望之家"是多么自然而然而又充满爱意地对待这些赤贫之人,而且恰恰是在他们开始长眠之时。"我们陪伴他们跨越死亡,走入永生,不管他们是否相信。"他说。

山本把我带到底楼的一个房间里,这里躺着尾坪胜彦,三谷区失败者中的一员。门牌上还写着他的名字。头天晚上,他因为癌症病逝,只活了58个年头。房间里一片寂静,只听得见空调嗡嗡作响。死者的头从被子下面露出来,白发稀疏,显得颇为苍老。他的双手被人交叠起来,放在肚子上。枕头旁边放着他的全部家当:一条项链,几枚金属质地的戒指。一小时后,尸体会被运走,随后被火化,山本说道,骨灰盒随后会埋于一片公墓里。

山本把一条紫色的圣带围在脖子上。这时来了一位弹奏竖琴的年轻女子,抱着乐器坐到床尾。她开始用一种苏格兰式的方法演奏起来，而山本则用圣带的尖端轻拂逝者的面庞。"我们无须伤悲，"他说，"我们的弟兄现在已经摆脱了贫困、疾病和痛苦，到了另外一个更好的世界生活。"

我们默默地听着音乐。一张小桌子上摆放着死者家人合影的相框，照片上有一位女士和一个小男孩，他俩都身着盛装。显然，亡者尾坪从前生活在普通的市民家庭。"这是他儿子，"山本说，"他肯定早就长大了。"没有人知道他的儿子如今在哪里生活。尾坪跟家庭再也没有联系了，山本说道。生前，尾坪自称为"寅先生"，那是日本国内一个电影系列中的主人翁，受人喜爱，浪迹日本。跟寅先生相似的是，尾坪同样居无定所，四处工作；他可能背上了债务，因此跟家庭断绝了往来。也许他因为自己的贫困感到羞耻，就像很多隐居起来的日本人一样，原因是不愿成为国家或亲戚的负担。这真令人悲伤。收容所创建者像是带着满意的神色望向逝者，说道："在我们这里，他在最后的日子里找到了他毕生寻找未果的友爱。"

而这样的友爱，无论如何都比日本国民预期从政府那里得到的要多。尽管安倍首相不辞劳苦地给民众许诺一个更好的未来，但厌倦之意在国民中间扩散开来，所谓救世主本人都已成为困境的标记,象征着正在衰老的日本再也无法摆脱的糟糕状况。尽管有一段时间,似乎有一颗政界新星冉冉升起,大有替代安倍之势:那位女政治家叫小池百合子,是东京都知事,她的飞速升降才真正让国民见识了日本政界充斥着的绝望。

在2017年10月进行的下议院选举中,小池组建了新的"希望之党",向安倍首相发起挑战。小池也是多年的自民党成员,一年多以前,她不顾安倍以及其他自民党领导人的反对,参加了东京都知事竞选。她喊出了"东京第一"的口号,由此大获全胜。于是就有人希望她能成功地统领全国,将安倍从首相职位上驱逐下去。

在意识形态方面,小池与安倍几乎没有区别,她也是一个执拗的"爱国主义者"。但她秉持另外一种风格,面向全球而又优雅大方。当然,这首先因为她是女性,而且恰恰是日本职业女性眼中的楷模,把她看作一位大无畏的女性,面对大半充斥着肆无忌惮的大男子主义的社会而不肯低头。她与长期以来在首都执政的强大男性政客团体展开正面交锋,引发了公众效应。代表事件是当时84岁的前知事石原慎太郎的行为,他在竞选中辱骂小池,斥责她是个"浓妆艳抹的

第五章　招贤纳士：生存策略

老女人"。

作为对抗任人唯亲的政客团体的舞台，小池选择了东京市中心的筑地鱼市。那里的商贩原本在2016年11月就该搬迁到东京湾昔日的一个工业园区里面。但接下来小池就下令重新审核颇有争议的新建鱼市一事，结果发现地基隔离地下水的性能不足，而且地下水还被致癌的苯污染，以及修建任务的分配方式极为可疑。小池推延了鱼市的搬迁工作，由此收获了商贩们的欢呼喝彩。尽管她后来还是做出了让鱼市搬迁的决定，虽然策略上有轻微变动，但那时已被大多数选民再次忘在脑后。

"迄今我们在日本都一直身处19世纪，现在我们必须从这一状态转换到21世纪。"小池在东京市政厅的领导办公楼层接待我时这样说道。那是2017年春，当时我想为《明镜》周刊写篇报道。这幢48层的大楼在日本经济泡沫时期建造，由明星级建筑师丹下健三设计。它有两个塔楼，看起来就好像畸形的巴黎圣母院一样。身居这幢富丽堂皇的建筑中，小池显然感觉舒适。她不满足于做个地方官员，想走得更远。她不无自豪地指出，她在首都管辖着1300多万名居民，其预算差不多相当于整个瑞典。媒体差不多每天都在报道她不同寻常的执政风格，她本人称之为"小池秀"。小池很乐意以"市政厅里的点缀者"这一形象示人。"迄今，我们这里出了好几位大男子主义的知事。"她笑着说道。

以类似的方式，她已让自己成为国人众口相传的谈资。专业电视节目主持人出身的她，懂得如何进行策划。她出身于一个石油贸易商家庭，曾在开罗学习，能讲一口流利的阿拉伯语。很早她就学会要在一个敌视女性的国家里寻求认同。在担任环境部部长时，她成功地游说日本男性同胞，让他们在炎炎夏日解下至爱的领带。她把不打领带这一新时尚称为"很酷的营生"，幸亏有了它，办公室里的空调再也不用开得那么低。在担任国防部部长时，她与一位贪污受贿的男性高官大动干戈，引发了公众效应，让他后来遭受了两年的牢狱之苦。

小池打算再次付诸行动。当她在2017年10月组建"希望之党"时，就成功地把反对党的一部分人拉拢到了自己的阵营。有几天，日本政坛萌发了改头换面的意味。但是，最后安倍首相突然宣布进行下议院选举，这对于挑战政界的小池来说为时过早。她无法向国民解释清楚，阐明她与其他政客不同的计划。因为她也做过许诺，要把日本经济从僵死狭

第五章 招贤纳士：生存策略

隘的规定中解放出来。最晚到她把自己的政策贴上"百合经济学"①的标签之时，一种似曾相识的体验浮出水面。这听起来显然是对安倍经济学的模仿。而国民宁愿选择最初的那个模式，即便他们几乎也不相信它。小池过高地估计了她的机会，安倍及其自民党以压倒性多数票大获全胜，自此以后小池就很少抛头露面了。

于是日本就在安倍经济学的模式下继续萧条下去，就像病人仅仅是习惯性地服药，因为医生反正开了。假如安倍带着推动内政和安全政策时投入的决心来改革经济，也许日本也会为其他老龄化的工业国家提供发展示范。但是，安倍过久地依赖中央银行及其极度宽松的货币政策给他带来的初期成效。始终如一地贯彻深入的改革行动并且对国家财政进行整顿，这个吃力不讨好的任务被他推到了下几代人的身上。

---

① 译者注：该词的英语为 Yurikonomics，由小池百合子的名字与英语里的"经济"一词的后半部分拼缀而成。

永动机

　　起初,在安倍经济学实施过程中涌现出来的货币过剩还是起了作用:安倍于 2012 年年底上台以后,日元对美元的汇率在短短几个月内就下跌了 20%。由此一来,在国外购买日本汽车、电视机以及其他外销品的价格随之下降。这一贬值政策也给在国外投入生产的日本企业集团带来了好处:一旦把盈利从美元换算成贬值的日元,各集团的进账就会大幅上涨。汽车制造商本田和其他公司都收获了前所未有的巨额盈利。满怀着获取更多红利的期望,投资者继续把大量资金投入东京股市。

　　一开始,安倍和中央银行总裁黑田实现了国家财政收入的增加,消费价格也呈现上涨之势。截至 2014 年夏,通

第五章　招贤纳士：生存策略

货膨胀率上升了 1.4%。不过，价格之所以上涨，并不是因为日本国内工业生产突然再次扩大，以及国民乐观地展望着未来。原因更多的在于日元的汇率下降。很久以来，电视机和服装等诸多日本产品都不再是在日本国内生产，而是在中国、越南或印度尼西亚等劳动力价格较低国家的工厂里生产。其结果是，日元的贬值导致了进口价格的上涨。

同时，那些还在日本国内运行的工厂要从国外购进配件，其价格也有了上升。这一趋势恰恰让中小企业陷入困境，也就是说，正好波及仍为国内提供就业机会的那部分经济产业。东京的很多这类企业一向都是迁往大田——一个延伸到东京湾的行政区。很多企业都是家族所有，有些还进入隐形冠军之列，它们的产品领先全球。

为了感受一下日本经济的脉动，几年来我经常在大田穿行。当我在 20 世纪 90 年代首次拜访这个具有独特魅力的城区时，我一度觉得自己置身于某个东南亚的腾飞之国。这里簇拥着一万多家企业，很多就像汽车修理厂那么大，大多藏在弯曲的波纹白铁皮棚屋里。它们给人的印象经常是，就好像经济奇迹时代建造起来的，而大田似乎只是对那些企业进行了锤打、铣切和焊接。

当我在安倍经济学时期早年再去大田的时候，就震惊地发现，那里居然变得如此寂静。曾经热火朝天地工作的地方，如今大多耸立着新的公寓楼盘。有些企业主继续经营，其中之一是大桥正良，他是一家小型机械制造企业的老板，手下有100名员工。大桥年过古稀，但从外表看不出他的年龄。说话时，他用一双敏锐而充满好奇心的眼睛注视着我。他不得不一再顺应新的趋势。当其他企业主将工厂迁移到中国等生产成本较低的国家时，他却留在了日本。他的公司之所以存活下来，是因为他专门生产可以盈利的经典产品，比方说可以用来制造手机的机器设备。

不过，现在大桥也在担心昔日从父亲手里接管的这家企业的未来。"这附近已经有一半企业都消失了。"他讲道。在大田形成的局面，对于整个日本来说都很危险。"中小企业是日本经济的支柱。"他说，"我们雇用了70%的劳动人口。"但正是这些企业，被安倍经济学置于附加的压力之下。大桥对下调日元汇率的政策提出批评。在他看来，这样会让原材料成本、员工交通和餐饮费变得越来越高。他预测道："安倍经济学不会长期发生作用。"

这位年长实干家的预言很快就得以证实。原因是，最早

第五章 招贤纳士：生存策略

从日元贬值中受惠的本国企业，大多都不会考虑在日本新建工厂，或者大幅提升员工薪酬。企业不是在日渐老龄化的日本国内投资，而是转向有望扩展的海外市场。很多日本集团有针对性地收购了外国公司，寻求新的全球转向。软件银行集团总裁、电信巨头和互联网亿万富翁孙正义就进行了一场收购之旅：2016年，他斥资320亿美元，收购了英国的芯片设计商安谋。

显然，大型集团是安倍经济的获利者。相反，员工大多是受损者，他们的实际工资多年来没有上涨，或者只有很小的涨幅，因为进口价格的提升，工资甚至经常还有下滑。恰好是保守的安倍认为自己不得不积极扮演雇员先锋的角色，他一再要求集团总裁提高员工薪酬。虽然这些老板会心地点头，但实际上他们大多只是提高了发给员工的一次性补助，而不是基本工资。

只要工资没有明显上涨，实际上中央银行就可以不兑现2%的通货膨胀目标，由此也就将安倍经济学理论依存的景气繁荣的前提条件抛诸脑后。实现通货膨胀目标的时间节点被一再延后。而央行可以为此提供充足理由：这期间出现了经济繁荣局面，因为消费税率从5%提高到了8%，自此以后国民消费量就减少了很多。几十年以来，提高消费税是日本的一个颇有争议的话题。这被很多经济学家视为大有必要，其目的是为老龄化日本飞速增长的社会保障支出承担费用。消费税带来的国库增收，会用来帮助遏制国家债务扩大。下一步，计划将税率增加到10%。因为担心出现其他阻碍经济繁荣的因素，安倍首相已经两次推延了税率提升，最后一次是计划于2019年进行。

安倍一再拖延实施不受欢迎的措施，由此稳固了自己和政党的权力。同时，他也葬送了国民对日本财政未来的信心。在安倍经济时期，稳固的国家财政居于次要地位。2017年秋，日本的国债达到1000兆日元，写起来就是数字1后面加上15个0。换算成欧元就是7.7兆，比2017年第一季度降到2兆欧元以下的德国债务的四倍略低。日本外债的巨大数量超出了普通储蓄者的想象能力，很多政治家对此也感到不可思议。

因此，围绕财政整顿展开的辩论无法继续推进也就不足为怪。流通所必需的钱币由中央银行印刷。为了鼓动国民扩大消费，似乎央行可以动用任何手段，即便有时会因此取得相反效果：2016年2月，央行引入了负利息制度，以此来吓

第五章 招贤纳士：生存策略

退储蓄者。尽管私人储蓄并未受到影响，但很多银行客户还是担心他们的存款。他们没有增加支出，而是普遍购买保险箱，把钱放在家里。

为了刺激经济增长，央行也大手笔地投资股票和不动产基金。早在2016年夏，央行就把估计占日本市场份额60%的流动资金投入所谓交易所交易基金，也就是那些反映股票指数、在交易所上市交易的基金。日本央行成了强大有力的投机者，在很大程度上一同影响着股票价格的升降。在东京证券交易所林立的桥兜町城区，投资咨询者越来越倾向给客户支招，告诉他们目前央行偏好哪些股票。有段时间一度流传投资像丰田这样的生产商的股票特别稳妥，原因是，央行偏好那些安倍经济学意义上率先投资、创造工作岗位的公司。负责金融信息的美国服务公司彭博（有限合伙企业）就把日本央行称为"第一股东"，并发布了一个包含十家公司的列表，判定其股票价格可能会从央行的投资策略中获得最大收益，排在第一的是生产电子元件的三美电机。

日本当时的经济政策跟市场经济关联越来越小，有时候我会想起在上海做记者的时光，当地投资者也有类似特点。上海投资者考虑的不是供求关系，也不是单个企业的盈亏，而是经常把政府的实际意图或者只是自己臆想出来的政府意图当作投资标准。现今日本也是如此。"官方操控的股市价格",股票交易者这样称呼国家掌控下的市场扭曲。原因在于,国家不光是借助央行来操纵股市行为,国有的养老基金也以选手身份参与了进来。基金管理者被政府委以重任,必须按照一直通行的两倍金额投资股票。在东京股市,因为大宗投资者的影响与日俱增,交易人员毕恭毕敬地把他们称为"巨鲸"。

只要日经指数还在上涨,政府的策略就好像还在向前发展:巨鲸变得更加圆肥,日本人的养老保障看起来也越发稳固。但有时候股票价格也会跌落,这是市场的固有属性所致。2016年8月底,养老基金公布仅在一个季度就亏损了5兆日元,一时间日本国民怨声载道、怒气冲天,他们忧心忡忡的是,政府会挥霍掉他们的养老金。不过,股票价格甫一上升,国民的骚动就随之中止。从2017年起,全世界范围内出现的经济繁荣也助推了日本股市的进展,尤其是当美国的经济出现良好势头时。

尽管如此,安倍经济学的魔力已成过去。日渐清晰的是,央行总裁已是江郎才尽。"黑田集团不断执行出其不意

第五章 招贤纳士：生存策略

的新货币政策，但是不见成效。"东京一桥大学的一位知名经济学家祝迫得夫如是判断。我曾跟他约在东京新宿区的一家咖啡馆碰头，讨论日本的未来。"中央银行到处寻路，"他说，"但可惜的是，除了这家机构，无人拥有经济决策方面必需的灵丹妙药，再度把日本引入发展之路。"他接着说道，"日本社会衰老得太快了，与美国等国民经济实体相比，我们的工业创新程度还不够。"

创新性可跟金钱不一样，不是可以轻易人为制造出来的。为了发挥创造性，就必须进行深化变革，包括在教育体制和职场内部。日本原本该从一家制造产品的工厂变成一间产出创意的实验室，学校和公司本该从适应文化中摆脱出来，转而创造精神上的自由空间。

转变大有必要，这一点安倍也已经认识到了。所谓安倍经济学的第三大主轴也暗示他要进行结构改革。但是如何具体实施，他可能无法提供有说服力的阐述。他不断提出新的口号，它们听上去完全是理性的，也指明了正确的方向，比如"同工同酬""女性会在其中闪光的社会""让各个地区重新焕发活力""1亿人口积极行动起来的社会""一场旨在召唤未来员工的革命"。尽管如此，这些空洞的口号本该填充具体内容。每场单个的改革都要求付诸辛苦的细节工作，但这不是安倍的兴趣所在。他缺乏这方面的毅力，可能也没有思想认识上的深度。

安倍是否读过一本有分量的书，这一点完全可以怀疑。他为数不多的业余时间，主要是用于跟那些交好的企业家打高尔夫球。除此以外，他主要以外祖父岸信介的遗嘱为导向：对安倍来说，外祖父毕生追求的修改宪法成了一个固定理念。当大多数人并不支持这一行动时，他就建议迈出第一步，至少在不受欢迎的宪法文件里追加确定军队的作用。当安倍的改革计划无法继续推进，或者当问卷调查结果显示他的支持率又下降的时候，他就突然解散下议院并进行了新的大选，正如2014年和2017年发生的那样。然后他又实实在在地活跃起来，在全国范围内游走，突然之间又开始谈论经济，谈论他的安倍经济学。然后他又争取选民的理解，表示他刚刚抵达路程的一半，为了完成使命故而需要选民新的授权。

鉴于政策的不连贯性，中央改革陷入不利境地。安倍曾许诺创造一个"女性在其中闪光"的社会，但这一计划也被搁浅。日本社会衰老得越快，它就越是无法负担让整整一半的人口局限于家庭主妇或者兼职劳动力的角色。但即便是在安倍自己的内阁里，他也没有实现不断提高女性比例的目标。当我2015年春在安倍夫人的居酒屋与她会面时，那时候政府里还有五位女性部长，到了2018年春就只剩下两位。根据相关规定，到2020年，本国公司至少30%的管理职位由女性担任，而这一比例在2015年悄无声息地降至15%。就两性平权而论，世界经济论坛在2017年11月发布了一份共有144个国家的列表，日本排在第114位。由此，日本位居几内亚和毛里求斯之后，相较之下，德国的位置明显靠前，排在第12位。

比起推动复杂的结构和社会变革，继续向经济领域投资看起来更加容易。2016年初夏，安倍宣布了一个宏伟的新振兴计划。按照规划，仅仅投入770多亿欧元的公共资金，日本政府就要参与修建东京和大阪之间的磁悬浮铁路。

在东京，工人在熙熙攘攘的品川区火车站下面开始动工，为修建另一个火车站挖出了一个40米深的大洞。从2028年起，新的磁悬浮列车将会从那里开始风驰电掣地驶向日本西部，时速为500千米，跟早已有之、今后还将继续运行的超级快车新干线同步发车。磁悬浮列车是一个胆大冒失的项目,与日本这个寄希望于借助现代技术克服自然困难的国家倒是合拍:整整300千米长的铁路差不多都是建在隧道之下,有些路段还要深深地穿过巨大的山岩,最长距离为1400米。

政府还希望借助这一计划为经济发展注入心理层面的动力。同时,安倍首相还把它与历史遗产联系起来,也就是结合其外祖父的榜样力量。岸信介那一代人也曾开展类似的基础设施项目,借此推动了日本经济奇迹的产生。在这方面的一个重要契机是1964年的东京夏季奥运会,为此赛事修建了超快列车新干线和四通八达的高速公路网。按照这个可以称为"岸信介2.0"的方子,安倍在半个世纪以后向国民起誓,要在东京举办2020年奥运会。他一再提及这个日子,目的是让举国上下为新的目标做好心理准备。实际上,这一体育盛事成了安倍经济学的第四大主轴。

至少在东京,奥运会的相关计划看似引发了经济回升的效应。出于对这场久负盛名的体育活动的期望,房价和地价节节攀升。建筑工人的工资也上涨了:仅仅在从4月1日开始的2017年这个财政年度,工人劳动报酬就平均增加了1/3以上。全国的劳动力都被调配到东京,用来修建体育场馆和

第五章 招贤纳士：生存策略

住宿场地。但是，赛事结束以后，日本经济又将如何继续发展呢？经济泡沫会像怀疑者预测的那样随后破裂吗？

至于计划修建的特快磁悬浮列车，又会引发什么结果呢？它会跟大阪湾里的梦岛一样，成为错误发展观的标志吗？无论如何，在一个乘客年纪越来越大、数量越来越少的国度，像磁悬浮列车这样的超级快车项目能否获利，是无法确定的。最后，令人担忧的是，日本乘客可能会支付昂贵得多的票价，来为这个耗资数百亿欧元的计划买单。

然而，只要可以随便印刷，钱似乎对政府不起什么作用。在类似永动机运转的方式下，日本政府实际上是通过央行实现自给自足：央行购买了国债，然后让它们中的大部分被市场消化吸收。尽管政府因为借贷必须给央行支付利息，但是到了年底，央行又会把利息作为利润退还给财政部。

这样一种国家层面进行的货币增长方式也让外国专家惊叹不已。"国家债务的费用由此马上就清零了。"在东京富士通研究所工作的德国经济学家马丁·舒尔茨说道。在可以望到东京湾的办公室里，他向我道出了对日本经济形势的估计，此间我注意到他对日本国民及其生存策略的赞叹。他说，从长期来看，日本政府可以无限期地增加零利率的贷款，而银行实际上可以把这些债务永远记入自己的账户。

当舒尔茨表述这一机制的时候，我不禁想起了日本从前的财政部部长神原英资，他曾经断言过，"日本已经超越了资本主义"。虽然他指的是日本在20世纪七八十年代用来挑战西方的国家资本主义，但即便是现在的日本，也呈现出资本主义倒转的趋势。这里产生两个问题：日本可以不受传统经济法则的影响吗？该国能不能永无止境地负债下去呢？

无人知道相关问题的最终答案，经济学家祝迫也不知道。但他推测日本经济不会很快崩溃："据我所知，历史上没有哪个国家会因为向国民借债而导致国家破产的。"祝迫把日本政府比作一个懒惰的丈夫，他不断地向自己的妻子借钱。"在一段时间范围内，这是行得通的，"他说，"一旦妻子的储蓄用光了，那会发生什么呢？或者说妻子不再参与这个游戏了，她与丈夫分道扬镳，最后离开家庭，那又当如何呢？"

就安倍执政的日本来说，肯定不会出现国民大规模移民的危险。但值得思考的是，有些人可能会将自己的财产越来越多地向国外转移，以便在当地优厚的条件下进行投资。事实上，他们曾经购买过保险箱，把钱从银行取出来拿回家里

第五章 招贤纳士：生存策略

存放。日本国内企业也越来越倾向于用自己的盈利在国外投资。

还有一个问题浮出水面：有一天，东京的中央银行达到了通货膨胀的极限，那又会发生什么？如果接下来央行要停止执行其极度宽松的货币政策呢？那么它就不得不提高利息率。鉴于央行多年以来购买了大量国债，那么它就会蒙受账面上的巨大损失。因为利息率上涨，国家债务就会飞速增加，最后的结果是，日本会陷入超级通货膨胀之中，就像德国1923年遭受的那样。

至少，这是安倍经济学批评者所警告的恐怖场景。批评者当中有一位叫作藤卷健史，以前是一位证券交易商，后来加入反对党，当选为上议院议员。他曾出过一本书，书名为《ひとたまりもない日本》①。他认为超级通货膨胀是有可能的，但也可以从中获取积极的一面，最终它不光会清除国民的储蓄，也会将公共债务清零，接下来国家又可以从头再来。

---

① 译者注：书名大意为"日本了无希望"。

在特区中

日本财政未来的不确定性,是该国经济的一味毒药。在远离东京和大阪等大都市圈的地方,到处都可以窥见这一有害因素。2017年秋,我去了一趟今治市,那是日本主岛四国岛的一座城市,位于风景如画的濑户内海畔,因为毛巾制造业和造船业闻名。如今,今治市已经凋敝不堪,只是在规模上可以窥见昔日大都市的印迹。20世纪70年代初,那里还住着约19万名居民,现今人口数量已经下降了3万。虽然今治市里还在制造毛巾和修造船只,但大量企业已经关门。今治市中心有一条盖顶的购物长廊,名叫"今治银座",现在看上去就是城市衰落的标记:很多商店永久地放下了卷门,只有那些已经褪色的或者生锈的招牌,经常还会让人想

第五章 招贤纳士：生存策略

起这里之前的买卖营生：钟表、眼镜、摄影用品、服装等。扩音器里传出来的音乐在空旷中回响，就好像是有人忘了关掉一样。

今治银座里的店铺只有寥寥几家还亮着灯，其中一家是卖和服的，店里没有一名顾客。店主是一位老先生，当我踏进店里的时候，他惊奇地从手里的地方报纸上方望着我。"是的，今治衰落了。"他说道。发生转变的希望已经破灭，最后一次是在20年前。那时候市政府新建了一座壮观的大桥，它横跨内海，把今治与本州这个主岛连接起来。但是这座桥没有吸引新的居民前来，最后只是起到了缩短本地与外界距离的作用：正是通过这座桥梁，本地青年纷纷出走，移居到了广岛、大阪等大都市。

今治市的政府官员绝望地寻找出路，以求从人口缩减和工业衰退的恶性循环中突围。他们得出结论，必须重新吸引年轻人来到此地，还要修建一所私立大学。为了腾出地方，市郊的一座山都被夷为了平地。为了迅速推进这一项目，而不受通常会有的官僚主义的限制，今治市地方官员与日本中央政府达成一致，将该市确立为安倍经济学框架范围内的经济特区。

提起"经济特区"这个概念，就会想到中国改革家邓小平曾经用来推进该国对外开放的政策。这一比喻较为贴切，因为日本政府也是借助建立经济特区来克服官僚主义弊端，为引入创新行动和方法打开国门。特区里试验得来的成功经验，再推广到国内其他地区。相关许可则由中央政府直接颁布。安倍首相如是描述这一新的体系：就好像使用钻机一样，在官僚主义制度体系这块磐石里面打洞，从上往下进行。

安倍的言论听起来像是革新，像是行动，像是希望。在整个日本，已经有数不清的地方被宣布为特区。在今治市，计划采取非官僚主义的方式，就是要让建立一所私立大学的计划变成现实，而且是用来培养据说颇为紧缺的兽医。原以为这是一个很有意义的项目，不料它跟其他因素一起，共同导致安倍及其经济学说丧失了残存的最后一点公信力。

"我们这些今治市民很生气，觉得受到了欺骗。"黑川敦彦在新建的私立大学拔地而起的地基上接待我时说道。黑川38岁，穿着一件白衬衣，脖子上围着一条黄色的毛巾，时不时用来擦一下汗。他召集了一场示威活动，后来约有80人参加。我觉得这个人数并不多，但是黑川的声音听起来热情

第五章 招贤纳士：生存策略

四溢，他说："这是今治市有史以来举行的第一场较大规模的游行活动。"

出了今治市，黑川也是名声在外。全国各地的报纸和电视台都为这场抗议运动派出了记者，因为这所私立大学的新建早就不再是一起地方事务了，它在更大程度上制造了一起政治丑闻，数月之后，该丑闻也将位于东京的议会卷入其中，也让安倍首相的支持率陷入广泛调查之中。原因是，新大学的组建者是安倍的一个过从甚密的朋友，他俩在大学时代就已认识，现在还定期一起打高尔夫。众人纷纷指责首相，说他帮朋友搞到了这个特区项目，批评之声越来越高。这起事件跟前面提到的大阪学校地基丑闻何其相似，当时政府也是以超低价格把地基转让给了一位安倍的拥趸。

安倍一再驳斥外界对他任人唯亲的怀疑。但是他已经丧失了公信力，几乎无人可以帮他分担国家救世主的角色。他没法阻止的是，其对手向安倍经济学开炮，攻击它是"一团乱麻"的同义词。安倍的竞争者还批评他自上而下的改革方法，认为特区直接由中央政府批准的方式极不合理，原因在于，由此虽然清除了官僚主义弊端，却也消解了旨在防止腐败的合理控制。

事实情况是，日本政府官员不仅顺畅地批准了由安倍友人经手的那个项目，而且对招标公告的措辞也进行了精心润色，让它看起来就好像是为那所大学量身定制的一样。对于安倍的朋友来说，这涉及巨大的经济利益，今治市免费给他提供地基，而根据不同的计算方法，他都可以预期从国家手里获取约为一半的总体费用。至于首相是否真的帮助其友人获得了新建大学那个项目的附加费用，最终在公共辩解中几乎不再发挥任何作用。日本国民知晓的是，在这个国家，官员会从掌握实权的政治家的眼色里看出他们的意愿，这时常就已足够。该举动叫"忖度"。因为以上丑闻，这一概念在2017年被评选为日本国内使用最频繁的词语之一。

对于黑川来说，今治市的抗议是他这个政治积极分子上交的一份答卷。他在这个城市长大，热爱它，但是跟其他很多男生一样，也曾离开过它。他是在大阪上的大学，学习如何建立和经营合资公司。后来他去了东京，希望在首都干出一番事业。但接下来就发生了福岛的核反应堆灾难。"相关冲击颠覆性地改变了我的生活。"黑川说道。他收拾行装，从东京搬回了今治。"我认识到，要拯救日本，必须首先让我们居住的地区重现生机。"他说。

第五章　招贤纳士：生存策略

从原则上来说，黑川并不反对在自己的家乡建立一所大学。但是他认为就是不该以特区的形式进行，也不能就由那么寥寥几位高层官员通过决议，按照安倍经济学的模式策划。"这样一种集权主义会导致什么后果，会让当地陷入什么样的经济依赖性，我们在福岛已经经历得够多了。"黑川说。他认为应该对政府说"不"，今治市的居民应该自行决定，判断什么决策可以给他们带来好处。"每个地区都应该意识到自己的历史传统，以及自己的强项和需求。"他说。

黑川自己也开始这么做了。有时候，他会推进今治市与外界之间的互联网贸易，销售本地产的柑橘和蔬菜。借助这一方式，他想把现代销售手段和传统农业结合起来。"在此过程中，我认识了全国范围内的不同人群，他们跟我有着类似的想法。"他告诉我。不过他并不认同看似要将日本去工业化的想法，即就像某些经济学家要求的那样，让日本转型成为生产高价值农产品的国度，或者是成为亚洲富足旅游者的度假天堂。他说："我们日本国民不能个个都回到农业生产中去，毕竟日本是个工业国家。"但在他看来，今治市需要的不是那个疑点重重的钢筋水泥的大学建筑项目，本市更应该将纳税人的钱花在刀刃上，对毛巾加工或者造船等现有产业进行现代化改造。

　　黑川是个乐天派，越长时间地听他讲话，就越发可以想象像他这样的人能够革新日本。他把举国上下对安倍友人那个项目的怨怼视作第一步，认为其后可以发展成为一场长期变革。在他面前，浮现着民主的另外一种形式，更为直接、去集权化。至于官僚主义，还有各大集团公司和那些历史悠久的党派，尤其是自民党，在他眼里全都失败了。"我们必须发起一场全民运动，让它波及全国。"他说。这可能需要耐心，但这比倒霉的安倍首相吹起的经济泡沫来得更为持久，比起安倍秉持的救世说更有前瞻性，因为安倍学说想要重新唤醒其外祖父时代的日本，而这一愿望早已落空。

　　已经清楚的是，未来的日本必须重新加以设计和创造，一要众人参与，二要各地协同。这是一个比较保守的方案。但是对于一个日益缩减而又想在体面中衰老的国度来说，这又是一个可能性的生存策略。

终章
最后的改革家

2018年伊始,我打算去参观日本皇宫。那天一大早,阳光斜斜地照射着东京城,空气清冷。我加入了其中一支长长的队伍,人群在皇宫前面的宽阔广场上排得整整齐齐。成千上万的日本人在这里耐心等待,盼望着有机会从近处为明仁天皇及其家人欢呼喝彩。在这个有着全世界最古老的君主政体之一的国度,这已经是最大限度的接近皇族了。那是1月2日,是一年中天皇在皇宫游廊上向全国人民挥手示意的两个日子之一。另一天是12月23日,明仁天皇的生日。

9点过后,警察发出了放行的信号,队伍有条不紊地移动起来。几乎没有人说话,只听得见无数双鞋子下面的沙砾发出的嘎吱声。我们缓慢地越过通往皇宫的主桥,它叫二重桥，架于护城河之上。接下来，参观者穿过一扇蒙上铁皮的壮观木门。然后我们在一幢现代的低层建筑前面列队，那就是皇宫，它示范性的简约风格让我每一次都记忆深刻。我们举目望向游廊：少时过后，天皇在厚重的玻璃门后面现身，簇拥在周围的有天皇夫人美智子皇后、皇太子夫妇以及其他皇室成员。

随后，大皇开始讲话。他手上拿着一张折叠起来的纸，不时地看一眼。他对所有人表达了新年祝福。他说，希望对尽可能多的人而言，这将是幸福美满而又心想事成的一年。"在今年之初，我谨此为日本和世界其他国家的人民祈福。"这是他的原话。天皇具体讲了什么倒并不重要，重要的是，天皇是存在的，而且日本国民此时此地要知道这一事实。

日本文化并不注重对话和长篇大论。信息并不是通过演讲内容来传达，而是通过仪式和体态。明仁天皇恰好就是这样，其父亲裕仁天皇在美国占领期间的1946年元旦否认了自己的神性，也不例外。依据民主化的日本战后宪法，明仁天皇不再享有政治权力，他只是"国家统一的象征"。

五分钟过后，天皇准时结束了他的露面，而为此很多民众都已经排队等待了很长时间。他与家人一起消失在一块亮

终章　最后的改革家

色的屏风后面。聚集起来的民众重新走动起来，如此安静、充满敬畏而又遵守纪律，就像来到这里的时候一样。人群穿过另一扇门，离开了皇宫区。在这一天，天皇及其家人还要露面四次，重复一模一样的礼仪形式，给尽可能多的拜谒者送上新年祝福。

一切程序都跟往常一样进行，如同我经常经历过的那样。我的首次经历还是在日本留学那会儿，那是在明仁天皇的父亲裕仁天皇驾崩的1989年，但是那一次，悲恸之情盖过了仪式礼节。就在明仁天皇接见全国民众的一两个星期前，日本政府批准了他提出的退位愿望，并为他铺平了道路：按照官方规定，其太子德仁将会在2019年5月1日登上菊花宝座。那时候德仁的年龄是59岁，而他的父亲将进入85岁的高龄。对于日本这个君主体制国家来说，历来天皇都会一直执政到生命终结，明仁天皇在世之时就要进行君主换代，就显得颇不寻常，这在200年以来都从未有过先例。

不过，日本很多方面都越来越反常，就算是皇室家庭也不例外。人口结构变化、国家衰老和出生率下降也波及了天皇家族，而且这一影响非常强烈。长此以往，皇室人口缩减甚至威胁到君主制度的继续存在。

皇室家族的例子颇有代表性地显示，日本要引入不可避免的革新是多么力不从心。形势如此严峻，以至于恰好是国家延续性的保障者天皇意识到了迫切要求，不得不在非同寻常的方式下发声，间接推动改革。改革触及他本人及其职位，但是多处迹象暗示，他提出退位这一请求牵扯到的不光是他个人。在更大程度上，他是想借此发出一个信号，暗示老龄化的国家整体上不能再泰然处之，而必须进行自身的现代化革新。

接下来发生了什么呢？2016年8月，令人震惊的是，明仁天皇通过视频连线，直接对日本国民发布消息。这一步本身就已经极不寻常，历史上的那次广播讲话的相关记忆一下子鲜活起来：1945年8月15日，明仁天皇的父亲裕仁天皇首次直接对他的子民演讲，宣布战争以失败告终。

不过，明仁天皇用间接的，甚至是委婉的方式表达了他的心之所系，因为战后宪法不允许他对政治决策施加影响。"我们身处一个急速衰老的社会，所以我想今天跟诸位讲一讲，令人期待的新时代天皇角色可能会是什么样的，即便天皇也老去了。"明仁天皇这么说道。他的相关思考，想要

终章 最后的改革家

"以个人名义"与日本国民分享。

他接下来所讲的内容,却具有强烈的政治色彩。明仁天皇谈及他被宪法规定的、作为"国家象征"的角色,讲到这一任务必须由一位具有行动力的天皇来完成。他说,万一天皇病情告危,无法再履行他的职责,这时候有可能任用一位摄政王,尽管如此,"这丝毫不影响以下事实,即天皇继续保持其身份,直到生命终结,即便他无力完全履职"。

明仁继续说道:"一旦天皇抱恙,病情垂危,我就会担心,像我们过去经历的那样,整个国家会陷入停滞,国民的日常生活也会受到各种不同的影响。"这一消息不会引发误解,它听起来几近绝望,正因为其表述如此克制:趁着他自己尚还心智健全、身体无恙,天皇想让日本政府实现皇室代际更迭的目的。最后,他的愿望还引发了一场根本性的改革,确保君主体制继续存在。整个日本为之苦恼的"人力荒",也给了皇室尤其剧烈的一击:2018年,只有17位王子和公主待命履行皇室职责,这个数量在天皇看来实在太少了。

在天皇新年从游廊上向拜谒者挥手示意之时,就可以看出他有多么年迈。正因如此,大家就更是充满惊奇地发现，他以及小一岁的夫人美智子一如既往地承担了巨大的工作量。哪怕是年轻人，可能也会忙得疲于奔命：天皇要任命各位部长，接待前来拜访的外国政要，为各种体育活动发表开幕致辞。另外，他还要慰问福岛和其他地区的灾难受害者，而日本这个国家差不多每年都会遭受地震、台风和洪灾的侵袭。

皇宫的高墙后面是一片位于东京心脏地带的巨大绿地，天皇在这里还以神道教大祭司的身份行使着统治者的职权。严格来说，这一角色的扮演是私人性质的，原因在于，根据战后宪法，日本实行的是政教分离。然而，这一分离最多只在文件中存在。实际上，天皇被要求行使的宗教职责至少跟其世俗职责一样大：每个季度，他都会在皇宫神社祈福，为国家福祉敬献礼仪上的祭品。他穿上橡胶靴，迈开沉重的步履，在皇宫后花园里的一块自己的小田地里穿行而过，展现种植和收割稻谷的仪式。

正如前文所述，天皇今日不再掌握政治权力。不过，与从前一样，他还是日本这个国家精神、文化和感情上的参照人物。该国对自己的定义更多是依据岛民的种族身份，而不是普遍价值。

终章　最后的改革家

　　明仁天皇的年号叫作"平成",意译过来就是"四处和平"。这个年号始于1989年,日本政府据此来计算年份,2018年被确定为"平成三十年"。在很大程度上,平成年代与日本经济泡沫破裂以来危机四伏的那几十年重叠,那时日本一度险些陷入僵死状态。日本社会能熬过这一段黑暗时期,而没有发生较大规模的反目和纷争,肯定也要归功于天皇,他秉承"与国民齐心协力"的个人座右铭,维护着对日本国情来说尤为亲民的君主制风格。

　　正因如此,在过去的几年里,明仁天皇一再陷入与保守主义者的矛盾之中,与类似安倍首相这样的人显得格格不入。原因是,安倍想要克服"战后体制",并用昔日被神话美化过的日本取而代之。尽管传统主义代表人物对其准确所指大多也不甚明了,但可以确定的是,他们把民主化的战后宪法视为异物,因为在美国占领时期,该宪法实际上是强加给天皇帝国的。根据安倍的自民党于2012年提交的新宪法临时草案,天皇应该再次担任国家元首一职。批评者害怕的是,由此一来,可能会为达政治目的而对君主再度工具化打开方便之门。

　　在美国对日本实施占领统治时期,明仁天皇接受的是一位美国家庭女教师的教育，在效忠民主化的战后宪法的氛围中长大成人。此后，他不光致力于靠近民众，在宪法赋予他的有限可能性的框架内，他一再坚定地为父亲裕仁天皇在位时日本策动的第二次世界大战致歉。明仁天皇在公共场合的表现，比方说在拜访国内外昔日战场时呈现出来的姿态，都给人留下谦恭和内敛的深刻印象。天皇借此向外界发出信号，表达了日本追求和平、与亚洲邻国和解的愿望。他颇为体面的举止态度，与安倍以及其他自民党政客显露出来的专横独断风格形成鲜明对比。

为了确保天皇亲近国民、公众可见的战后民主这一遗嘱落到实处，他需要的是更多的皇族成员。随着他在公众面前发布退位愿望，他就给政府官员创造了一个机会，让他们得以展开相应行动，修改皇宫法案。政客们原本可以利用这个机会发动一场改革，不仅从法律上规定天皇的退位，而且引入并确定女性继位人。在皇位继承人长期空缺之后，几年前就已经在谋划相应的政策更新。但是到了2006年，有一位皇孙出其不意地降临人世，即明仁天皇幼子的后代悠仁王子，于是相关改革计划就被束之高阁了。

此外，日本政府原本还可以开展第二个项目，那就是增

终章　最后的改革家

强女性在皇室的作用。迄今规定，一旦公主嫁给了平民，就必须即刻离开皇宫，放弃贵族头衔。比之男性皇室成员，女性成员在这方面受到了亏待，因为即便男性皇族娶了一位非贵族出身的女子，也可以继续留在宫内。假如日本政府取缔这个古已有之的规定，天皇就可以获得附加的皇室成员。

然而，日本错失了对君主体制进行根本性变革的机会。在此过程中，政府表现出跟拖延福岛核灾难之后的能源转向时同样的犹疑不决：尽管根据问卷调查结果，大多数国民同意改革皇室法案，给予今后的天皇退位的权利，但政府只是通过了专为明仁天皇量身定做的一次性特殊法案，让其本人退位成为可能。在此，政府考虑到了保守主义者的诉求：这个群体拒绝对君主体制实行现代化改革，宁愿将天皇的角色局限在神道教大祭司的范围之内。按照特殊法案一项附加决议的规定，尽管政府也会审查相关步骤，以便强化女性接班人在皇室的角色，但是相关商议的具体日期并没有确立下来。安倍首相言之凿凿的承诺，即创造一个"女性在其中闪光"的社会，在皇室内部也没有实现。

无论如何，随着明仁天皇退位，日本政府还是创造了一个先例，让后来的继承人有据可循。不过，政府对天皇大胆尝试表现出的胆怯反应再一次显示，日本要想推进变革是多么困难：不管是在皇室层面，在能源转向方面，在公司文化的重新定位上，或者让教育体制摆脱机械性的操练方面，抑或是在国家财政的整治上，概莫能外。

保守力量无比强大。日本以茶道仪式里纤徐得让人备受折磨的速度缓缓移动，其中还充满了仪式上的让步与和解，其实现从外部经常很难看穿。就此而论，这个国家无法为德国提供示范，因为后者喜欢公开讨论和争辩，并用此方式寻求政治上的解决方案。

日本重视和谐与共识。这一点有时候会让外国观察者陷入绝望，特别是当各种弊端显然都被遮掩起来的时候。另外，要说日本陷入停滞，也是站不住脚的。日本社会在发生转变，不过是以一种专属自己的、可能适合本国的方式，而不危及日本非常看重的内部团结一致。该国奉行的不是西方意义上的民主，毕竟它就是日本。

日本的执拗、对传统的坚守、对社会平衡的追求，也可以视为这个资源储备看似越来越少、政治争端日益不可调和的世界里的成绩。只需想一想英国脱欧、特朗普和受到威胁的世界自由贸易，就不难获得上述印象。

终章　最后的改革家

　　结束对天皇的新年拜谒之后，我与成千上万的拜访者一起，重新拥入了东京这座大都市的汹涌人潮之中，尽管此时我不可避免地心生疑窦，但同时也带着一丝乐观来思考日本的未来：为了改革对举国团结一致极为重要的政府机构，明仁天皇自愿从菊花王座退位，而只要日本还存在这样的人，那就无须过于为这个国家担心。

致　谢

　　如果没有那些多年来自愿为我提供日常生活和工作信息的日本人，这本书就不可能完成。写作过程中，很多受访者慷慨地向我展示他们的住所、办公室或者其他生活空间。有些人我在单个章节里做了介绍，或者至少有所提及，其他人因为篇幅原因而无法一一写到，较为遗憾。所有这些人我都致以深深谢意。这些私人之间的相遇经历，是一位记者所能得到的最好特权。

　　我要感谢汉堡《明镜》周刊编辑部的各位同事，他们给我提供了一再出入和了解日本的机会。这个国度及其民众俨然已经成为我的第二故乡和乡邻，我在这里度过了职业生涯中最为沉迷的一段岁月。我要对明镜出版社的安格里卡·梅特与安特耶·瓦拉施致以谢意，她们从头到尾地策划了这个出版项目，充满耐心，让人觉得放心可靠。德国出版机构的校对人员卡伦·古达斯对我的文稿倾注了很大的热情，又提供了专业的宝贵建议。

有些地方，我可以感受到日本经常会以一种大为不同的方式运行，其中就有位于东京的日本记者俱乐部。我要感谢这家颇具声望的机构，它曾多次把我作为唯一的一位外国人士吸收到规划委员会里，甚至还给予我用日语来主持新闻发布会的机会。作为回报，该机构的同事们希望听到来自外界的批判意见，我想，他们应该不会失望吧。如果说我在这一过程中学到了一点东西，那就是对日本记者巨大勇气的深深敬意：尽管身处一个尊崇权威、注重和谐的社会，他们仍然尝试着扮演批判性监督者的角色。

在调研过程中，还有很多人给我提供了特别多的帮助——以直接或间接的方式，通过建议、鼓励或者批评的手段，帮我建立联系或者与我进行颇有成效的对话。为此，我要向他们表达谢意。当然，不言而喻的是，书中的不足之处或者可能性的讹误都由我一人负责。谨此向以下人员表示感谢：拉赫尔·阿姆斯特朗、托比亚斯·德雷斯曼、子林纪

致　谢

代、树阴律井、石井志子、伊藤宏树、川崎秋良、保罗·莱文、前泽敏子、松田佳穗、村上义男、西野惠子、埃里希·勒里希、坂仓所兵、岛村化日、铃木久雄、竹中都丸、田中官寺、立石康则、上野安成、汤姆·瓦格纳。最后还要谢谢我亲爱的妻子裕美子，是她促使我产生了撰写这样一部著作的念头。

威兰德·瓦格纳

2018 年夏，东京

高高芳園
高高国际社科品牌